道徳教育推進教師の役割と実際

🦆心を育てる学校教育の活性化のために

永田繁雄・島 恒生 編

教育出版

まえがき

　私たちが進める学校教育は，かけがえのない子ども一人ひとりの人間としての成長を後押しして，豊かな心をはぐくむという使命をもっている。そして，私たち自身，子ども一人ひとりの成長欲求と自己実現への強い願いを受け止め，子どもたちと共に育つ思いで前向きに取り組みたいと感じている。
　そのような強い願いの中，今，新しい道徳教育への扉が開かれつつある。
　その扉を力強く前向きに押す力となるのが，新しい学習指導要領における「道徳教育推進教師」の位置づけである。新しい学習指導要領では，その第3章「道徳」の中の2か所にわたって「道徳教育推進教師」という用語が織り込まれ，位置づけられた。それは，まさに新時代の道徳教育を象徴する目玉として，その改善・充実への期待を担うものであるといえる。
　実際に，この言葉が位置づいた学習指導要領案が初めて公開されたときの反響は大きく，私自身も様々な声を耳にすることができた。
　まず，「これで道徳教育が前向きに動くような気がする」「なんだか道徳が大きく変わる感じがする」「これだけ道徳教育が重視されるのは画期的なことだ」という強い期待の声である。中には，「教務主任や学年主任などのように設置義務をもっと明確にすべきだ」という意見も聞かれた。道徳教育への熱い思いから出た大変心強い声だと思う。
　ところが，その一方でこんな声もあった。「道徳教育が校長先生に管理される」「どうして道徳だけにこのような役目を置くのか」というのである。そして，「道徳教育推進教師になった先生は他の先生から浮いてしまう」というある校長先生の声に接したとき，言いようのない悲しさがこみ上げた。
　私たち教育に携わる者がこの変革の機会を前向きに受け止めずして，子どもの生き方を前向きに押し出していくことができるはずがない。まずは，この機会をどう活かすか，「道徳教育推進教師」を位置づけることによってどんな可

能性を広げることができるかというプラス思考の発想こそが重要なのだ。

　確かに，文部科学省による「道徳教育推進状況調査」の結果を見ても，道徳教育の実施状況は必ずしも芳しいとはいえない。教育活動全体を視野に入れたとき，各学校でどのように進めてよいのか分からない。また，たとえ計画や体制があっても，それが機能せず絵に描いた餅になりがちだともいう。しかし，今や道徳教育充実への気運の真っただ中である。このようなビッグチャンスを逃すことなく，新しい道徳教育を先取りし，先手を打っていきたいものだ。

　学校全体で取り組む道徳教育によって学校教育を創意と活力に満ちたものにしたい。そして，要としての道徳の時間も一層楽しく魅力のあるものにしたい。そのような願いをもって本書は編集された。

　本書においては，まず，道徳教育の改善・充実策として道徳教育推進教師がなぜ位置づけられたのか，また，どのように協力体制をつくり，その中で道徳教育推進教師がどのような役割を果たしていくのかについて，第1章と第2章の中で解き明かすように努めた。

　続く第3章では，具体的に取り組む小・中学校の効果的な事例を，各学校の取組の目的や理念を大事にして描いていただいた。その多彩な事例は，各学校において，自校の取組を見直す上での参考となるだろう。

　そして第4章として，各学校やそれぞれの担当者の疑問に答えるＱ＆Ａを付している。

　学校が子どもの豊かな心の育成のために道徳教育に前向きに取り組む。その際，道徳教育推進教師が中心的な役割を担い，みんなでそれぞれの役割を果たしながら一丸となって取り組む。そのような力強く息の長い教育を生み出すために，本書がその手掛かりの一つとなればこの上ないことである。

　　2010年6月

　　　　　　　　　　　　　　　　　　　　　　　　　　　　　編　者

目　　次

まえがき

第1章　道徳教育推進教師が活きる学校教育
1．新しい道徳教育と道徳教育推進教師 …………………… 2
　1　新時代が求める道徳教育の充実と道徳教育推進教師 ……… 2
　2　学校の道徳教育推進の要となる道徳教育推進教師 ………… 5
2．道徳教育推進教師を中心とした協力体制づくりの工夫 …… 8
　1　校長・道徳教育推進教師・全教師の関係を押さえた体制づくり ……… 8
　2　協力体制づくりの考えられる手順 ……………………… 9
　3　多様な協力体制の組織化の例 …………………………… 11
　4　協力体制づくりに際して留意したいこと ……………… 14

第2章　道徳教育推進教師の役割とその焦点化
1．校長の方針と道徳教育推進教師の役割 ………………… 16
　1　校長の方針と道徳教育推進教師の役割 ………………… 16
　2　道徳教育推進教師の役割 ………………………………… 16
2．道徳教育推進教師に期待される多様な役割 …………… 17
　1　校長の方針を活かした道徳教育の諸計画の具体化 …… 17
　　～みんなの知恵を結集し，みんなでつくった計画にしよう～
　2　学校の教育活動全体における道徳教育の推進 ………… 19
　　～全体計画を柱に，それぞれの教育活動の特質を活かして進めよう～
　3　道徳の時間の充実と協力的指導などの体制づくり …… 20
　　～道徳の時間の話題が出る雰囲気づくりに努めよう～
　4　道徳用教材の整備・充実と活用の促進 ………………… 22
　　～学校の財産として，道徳用教材を収集・保管・活用しよう～

| 5 | 学校の道徳的な環境の整備と情報提供・情報交換 …………………… 23
～道徳教育にみんなで取り組んでいるという雰囲気をさらに高めよう～
| 6 | 授業の公開など家庭や地域社会等との連携 ………………………… 24
～「道徳の先生」として，PTAや地域の人とつながろう～
| 7 | 研修体制の充実と教師の授業力の向上 ……………………………… 26
～授業で勝負。子どもの心に響く授業づくりにみんなで取り組もう～
| 8 | 道徳性の評価，授業評価と授業改善 ………………………………… 27
～「長い目」「多くの目」で評価するシステムをつくろう～

第3章　道徳教育推進教師が活きる取組の実際

小学校 1　道徳の時間の授業をみんなでつくり，みんなで評価する …………… *30*
　　　　　　　　　　　（北海道網走市立白鳥台小学校）

小学校 2　主体的に生きる子どもを全教職員の力で育てる ……………………… *38*
　　　　　　　　　　　（青森県おいらせ町立木ノ下小学校）

小学校 3　全教育活動を通して，子どもが輝く道徳教育を推進する …………… *46*
　　　　　　　　　　　（埼玉県越谷市立城ノ上小学校）

小学校 4　小規模校のよさを活かし，道徳教育の充実を図る …………………… *54*
　　　　　　　　　　　（東京都渋谷区立鳩森小学校）

小学校 5　「三つ葉のクローバー」を合い言葉に命を大切にする心をはぐくむ ………… *62*
　　　　　　　　　　　（富山県氷見市立朝日丘小学校）

小学校 6　授業を核として，12年間で「心を耕す」教育を推進する ……………… *70*
　　　　　　　　　　　（静岡県浜松市立可美小学校）

小学校 7　地域との連携を活かして，道徳授業力向上を図る …………………… *78*
　　　　　　　　　　　（愛知県みよし市立三吉小学校）

小学校 8　道徳教育を基盤として，学校力の向上を図る ………………………… *86*
　　　　　　　　　　　（広島県福山市立水呑小学校）

小学校 9　全職員の協力のもと子どもの「活力ある心」を育てる ……………… *94*
　　　　　　　　　　　（福岡県宇美町立宇美東小学校）

中学校 1　各学年の道徳教育推進教師が「心の教育」を推進する ……………… *102*
　　　　　　　　　　　（青森県八戸市立白山台中学校）

中学校 2　個人の十歩より，全教職員の一歩を進める …………………………… *110*
　　　　　　　　　　　（静岡県伊豆市立修善寺中学校）

中学校	3	教師集団の力を活かして，実践力と研究意欲を高める	*118*
		（愛知県岡崎市立矢作北中学校）	
中学校	4	義務教育9年間を見通して，道徳教育にみんなで取り組む	*126*
		（和歌山県有田市立保田中学校）	
中学校	5	道徳教育推進チームを活かして授業力向上を図る	*134*
		（和歌山県古座川町立明神中学校）	
中学校	6	道徳の時間や教科等で道徳教育にいきいきと取り組む	*142*
		（島根県益田市立中西中学校）	
中学校	7	「感動」の道徳を3つのプロジェクトで創造する	*150*
		（広島県福山市立加茂中学校）	

第4章　道徳教育推進教師についてのQ&A

Q1. 新しい学習指導要領に「道徳教育推進教師」が明記されたのはなぜですか。 …………… *160*

Q2. 道徳教育推進教師は道徳主任がなってよいのですか。 ……………… *160*

Q3. 校務分掌に道徳教育推進教師の名称で位置づける必要がありますか。 …… *161*

Q4. 道徳教育推進教師を複数の教師が担当してもよいのですか。 ……………… *161*

Q5. 道徳教育推進教師にはどんな役割があるのですか。 ……………… *162*

Q6. 道徳教育推進教師を中心とした協力体制にはどんな形がありますか。 …… *163*

Q7. 協力体制づくりに際して配慮すべきことを教えてください。 ……………… *163*

Q8. 各担当者が力を発揮できる体制をつくるにはどんなことが大切ですか。 …………… *164*

Q9. 小学校と中学校では，その体制にどのような違いや特色が見られますか。 …………… *164*

Q10. 小規模校での協力体制や道徳教育推進教師の役割については，どのように考えるとよいですか。 …………… *165*

Q11. 道徳教育推進教師は，各学級の道徳の時間にはどのようにかかわるとよいのでしょうか。 …………… *166*

資　料

『小学校（中学校）学習指導要領解説　道徳編（平成20年　文部科学省）』（抄） ………… *167*

第 1 章
道徳教育推進教師が活きる
学校教育

1. 新しい道徳教育と道徳教育推進教師

❶ 新時代が求める道徳教育の充実と道徳教育推進教師

(1) 道徳教育充実への期待の声と追い風

　道徳教育は学校の教育活動全体で推進するものであり，各担当者が共通の方向に向かって一体的に進めるものである。教師が互いに学び合い，目標と手立てを共有し，力を合わせながら推進することは，活気のある学校を生み出す力にもなる。この道徳教育について，今，強い期待の声が寄せられ，その充実への追い風が吹いている。

　その背景の一つには，子どもの心の成長に関する深刻な不安がある。子どもは，大人がつくった環境の中で翻弄され，規範意識や生命への慈しみの心，コミュニケーション能力が弱まっているといわれる。それとともに，自己の成長への自信や自己肯定感が揺らぎ，内面的な意志力や豊かな愛他性をはぐくむ必要性が今までにもまして高まっている。

　同時に，喫緊の教育問題となっている学力不安の克服が挙げられる。いわゆる確かな学力の低減傾向は，子どもの学ぶ意欲や学習習慣，生活習慣などを支える心の根っこが萎えてきているのが大きな要因であることは論を待たない。そのような中，子どもの豊かな学びにつながる活用型学力が重視され，その軸となる言語活動の充実は道徳の時間でも求められている。実際に，道徳教育への積極的な取組が学力の向上に波及している学校も多い。

　これらの動きにともない，学校教育の基幹となる教育基本法と学校教育法が改正され，その趣旨を踏まえた改訂学習指導要領が平成20年3月に公布された。道徳教育の充実は子どもの実態と学校の教育制度の両面から強い期待が寄せられているのである。

(2) 道徳教育を一体となって進めることが今こそ重要

　しかし，現状はどうだろうか。道徳の時間が特設され，戦後型道徳教育の形が整えられて既に半世紀をこえたが，道徳教育への取組の意識が十分とはいえず，取組の必要性を感じながらも，その体制が十分ではないともいわれる。今までも次のような学校が少なからず見られてきた。

ア　学校として道徳教育をどんな方針でどこへ進めるのか見えにくく，各担当者が道徳教育について進むべき方向を共有できていない。

イ　道徳教育について，道徳の時間をどうするかということに限られ，学校の教育活動全体で取り組む意識が十分ではない。

ウ　道徳主任などの道徳教育を主に担当する教師が位置づけられていない場合や，位置づけられていても，国語科などの各教科主任と横並びで道徳の時間だけをどうするかという運営に限られている。

エ　道徳の時間に関しても計画や資料が十分に整えられていなかったり，学級担任任せであったりして，学級によって指導のバラツキがある，など。

　これでは，学校の教育活動全体や家庭や地域社会との連携を視野に入れた道徳教育どころか，道徳の時間の計画的な実施さえもその足下が揺らぐ。学校に道徳教育の目標はあるものの，そこへ向かう具体的な道筋やそのための体制をもたないまま，迷走している場合が多いのだといわざるを得ない。

(3) 新しい学習指導要領における道徳教育推進教師の位置づけ

　このような問題を克服し，学校の道徳教育力を呼び覚ますための切り札，それが新しい学習指導要領における「道徳教育推進教師」の位置づけである。

　このいきさつは，平成20年1月の中央教育審議会答申にさかのぼる。新しい学習指導要領の在り方を審議し，それを方向づけた本答申は，道徳教育の一層の充実・改善の方向を示し，次のように提言している。

> 学校全体で取り組む道徳教育の実質的な充実の観点から，道徳教育主担当者を中心とした体制づくり…の促進を図る。
> 　　　　　　　　　　　　　　　　　　　　（下線は筆者・以下同）

この「道徳教育主担当者を中心とした体制づくり」を確実にするものとして，新しい学習指導要領での「道徳教育推進教師」という名称の位置づけが実現した。それは，2か所にわたって明記されている。
　まず，学校の教育活動全体で行う道徳教育とその計画づくりにかかわって次のように示している。

> 1　各学校においては，校長の方針の下に，道徳教育の推進を主に担当する教師（以下「道徳教育推進教師」という。）を中心に，全教師が協力して道徳教育を展開するため，…道徳教育の全体計画と道徳の時間の年間指導計画を作成するものとする。

　この表現に着目するならば，道徳教育推進教師が位置づけられた最大の趣旨は，「全教師が協力して道徳教育を展開」するためであり，それは「校長の方針の下」に，校長が示す方向に向けて道徳教育推進教師及び各担当者の力を結集するためである。
　また，道徳の時間の指導に関して配慮すべき事項の第1として，次のように示している。

> (1)　校長や教頭などの参加，他の教師との協力的な指導などについて工夫し，道徳教育推進教師を中心とした指導体制を充実すること。

　学級担任が責任をもって毎週1時間ずつ進める道徳の時間の指導についても，ここで明記するように，学校全体で行う道徳教育と同様，道徳教育推進教師の役割を明確にうたっているのである。
　道徳の時間は，学級担任の好きな題材で自由に進めることができる時間であるという誤った思いこみがある。中には，学級のいじめなどの問題を直接解決するための場とするなどの不適切な授業も散見される。道徳の時間が学校の教育活動として望ましい形で充実していくためにも，道徳教育推進教師が積極的な役割を果たすことが期待される。

2 学校の道徳教育推進の要となる道徳教育推進教師

(1) 協力体制を生かした道徳教育の活性化

　学校の道徳教育は教育を担う全ての担当者の手によって進められるものである。

　学校がその教育目標に向かって進む一つの船だとするならば，校長は船長（キャプテン）である。そこには，様々な役割をもった船員としての全教職員が乗り込み，船長はその船の航海を効果的に進むように学校経営，道徳教育経営の指揮官（リーダー）の役割を果たす。道徳教育推進教師は，そのもとで，航海士（ナビゲーター）として教育の方向を前向きに推進することになる。

　また，学校では様々な役割を分担し合って教育活動が進められる。道徳教育もその一つである。そこには，機関士，通信士などの役割相互が連携し合い，天候の変動を捉えながら，確実な航海となるように力を尽くしている。

　このような協働的な取組は，学校全体で進める道徳教育を次の角度から活性化させていくことが期待される。

○学校としての特色と課題，計画の共有……学校としての道徳教育の特色が明確になり，全員が課題を共有し，計画を共通理解した上での見通しをもった指導が可能になる。

○多様な専門性，持ち味などの活かし合い……学校は様々な専門性や特技，持ち味をもった教師の集合体である。教師がそれらに関心をもち，活かし合うことによって，学校としての人的なパワーを強化することができる。

○各教師の学校全体の子どもへの関心の高まり……一人ひとりの教師が学校全体の子どもの成長に関心を向け，また逆に，みんなが子ども一人ひとりの悩みなどの心の問題，成長などに関心を強め，子ども全員の心の成長を共に見守り，育てようとする意識が高められる。

○家庭や地域との連携体制の拡充……教育に当たる一人ひとりが共通の意識をもって家庭や地域との共通理解を広げ，保護者や地域住民との協力体制や連携体制を拡充していくことができる。

○教師相互の学び合いと指導力の向上……教師が相互に指導方法やその工夫などを学び合う。その際，道徳教育推進教師が助言役や相談役となったり，情報を提供したりすることによって，各教師の指導力の向上にもつなげることができる。

　このようにして，今までにもまして教師同士が学び合い，道徳教育推進の温かな雰囲気と前向きな活力が培われていく。

(2)　「道徳主任」の積極的受け止めと役割の拡充

　その意味からも，道徳教育推進教師は，従前から広く位置づけられてきた「道徳主任」のもつ役割にとどまらず，むしろその役割を積極的に受け止め，拡充させて位置づけていくことが重要になる。

　道徳主任は，今まで，リーダーとしての校長のもと，まさに道徳教育の主任（チーフ）としての役割をもっているといえた。しかし，時には道徳の時間のみの運営などを担う「道徳の時間主任」にとどまることも多く，学校の道徳教育全体に働きかける役割は必ずしも強調されてこなかった。実際には，「道徳主任」という分掌名で組織に位置づけることもあるだろう。『学習指導要領解説　道徳編』（文部科学省）に「道徳主任などの道徳教育推進教師」と示しているように，日常では道徳主任と呼称することも十分にあり得る。しかし，学校によっては，道徳教育推進教師と道徳主任をそれぞれ機能分担をさせて位置づけることもあり，実際にそのような学校も広く見られる。

　いずれの場合でも，「あなたの学校の道徳教育推進教師は誰か」と問われたとき，明確に回答できるように位置づけておく必要がある。新しい学習指導要領に「道徳教育推進教師」という名称が位置づけられたことを積極的に活かすようにしていきたいものだ。

(3)　道徳教育推進教師がもちたい機能的役割

　では，航海士（ナビゲーター）としての道徳教育推進教師は，学校教育の中でどのような機能として位置づくのか。様々な教育活動の局面で，その活動の特色などに応じて果たすべき機能は異なってくるが，具体的には，次のような機能的役割を果たしていくことになる。

① プロモーター（推進者）としての気概をもって
　まずは，校長が道徳教育を含めた学校教育の船長（キャプテン）であるならば，航海士としての道徳教育推進教師は，まさに文字どおりプロモートするプロモーター（推進者）としての役割を果たさなくてはならない。
　校長たる船長がリーダーシップをもって示す方針のもとに，羅針盤を手にしながら針路を定めていく。その際，道徳教育推進教師は，学校としての取組を具体的に発議したり，提案したり，企画したりして，学校全体の取組を促進していくことになる。道徳教育推進教師には，進むべき道筋の上で，常に先んじて課題に取り組もうとする気概が何よりも大事になる。
② コーディネーター（調整役）に徹しながら
　次に，航海の途上では，全体のコーディネーター（調整役）としての役割も重要になる。いわば，各担当の活動を統合したり調整したり構成しなおしたりして，進むべき方向を軌道修正するような役目を果たす。
　その際，道徳教育推進教師は，各担当者がそれぞれに最大限の力を発揮することができるように，一人ひとりの豊かな発想を活かし，創意工夫を大切にし合う学校風土をつくり出すことが大切である。また，このことは，全体の考えを協同させ，調整する世話役でもあり，ファシリテーター（進行役）としての役割も併せもっているといえる。
③ アドバイザー（助言者）の役割も果たしていく
　さらに，航海の途中，進むべき方向が共有しにくく，先が見えにくい，また，方法を見出しにくいというような問題点が発生することも少なくない。その際，それぞれの担当者の役割や仕事の内容についての悩みを共に考えたり，情報を提供したり，専門的な知識をもって助言をしたりする。そのようなアドバイザー（助言者）としての役割も果たす。
　また，時には，各担当者の積極的な取組を後方から支援するようなサポーター（支援者）としての役割に徹することもありそうだ。
　このように，道徳教育推進教師は，常に学校全体の道徳教育の推進の状況に心を配りながら，その都度，様々な役割を果たしていくことになる。

2. 道徳教育推進教師を中心とした協力体制づくりの工夫

1 校長・道徳教育推進教師・全教師の関係を押さえた体制づくり

　各学校において，道徳教育推進教師を中心とした体制をどのように組織化していくとよいのか。前節の趣旨を踏まえて次に考えたいのは，協力体制づくりの具体的な方法である。このことに関して，『学習指導要領解説　道徳編』(文部科学省)〔以下『解説書』〕では，次のように示している。

> 　道徳教育は，校長の方針の下，学校の教育活動全体で取り組まれ，個々の教師の責任ある実践に託されていくものである。学校が組織体として一体となって道徳教育を進めるために，全教師が力を発揮できる体制を整える必要がある。例えば，道徳主任などの道徳教育推進教師の役割を明確にするとともに，機能的な協力体制の下，道徳教育を充実させていく必要がある。
>
> 　　　　　　　　　（小学校版 p.64，中学校版 p.65 もほぼ同様。下線は筆者）

　この下線部分から，校長，道徳教育推進教師，全教師の関係を生かした体制作りの着眼点を読み取ることができる。それには，次の3つが考えられる。

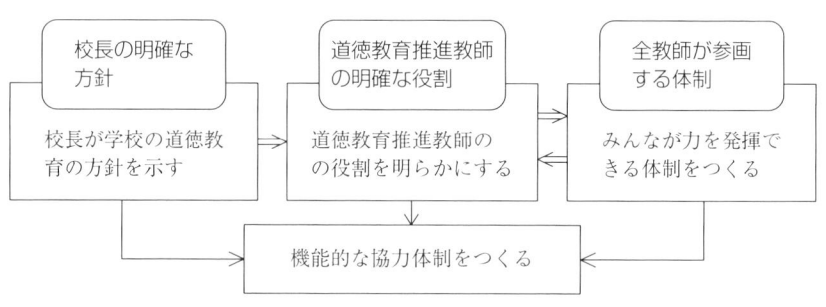

【道徳教育推進体制づくりの3つの着眼点】

前ページの図が示すように，まず，校長の明確な方針によって道徳教育の方向と体制づくりの大枠が定められ，道徳教育推進教師が選任される。そして，その役割を明確にするとともに，全ての担当者がそれぞれの役割をもちながら主体的に参画できる体制をつくっていくことがイメージされる。

2　協力体制づくりの考えられる手順

　このことを踏まえ，道徳教育推進教師を中心とした協力体制づくりの手順を描くとどうなるだろうか。例えば，道徳教育の指導計画の作成まで含めるならば，大きな流れとしては次のような手順が考えられそうだ。

　なお，これら手順の順序は柔軟に受け止めるようにしたい。以下の①から⑤の中で，特に②と③，④などは，学校の考え方や実態に応じて体制づくり，計画づくりの手順が異なってくるからである。

① 　学校としての道徳教育の方針を立て具体的な方向を描く

　まず第1に，学校としての道徳教育の方針や進めるべき方向を描くことであり，次のような事項を構想することになる。これは，学校教育の責任者としての校長が最初にしなくてはいけないことである。

- 教育活動全体における道徳教育の意義をどのように位置づけるか。
- 学校としての道徳教育の目標をどのような方向で押さえるか。
- 特色としたい道徳教育の取組をどのようなものにするか。
- 要となる道徳の時間についてどのような方針をもって臨むか。

　学校の羅針盤にもなるこのような指針を校長が明確に示すことで，道徳教育の具体化への一歩が大きく踏み出される。

② 　道徳教育推進教師を選任しその役割について検討する

　第2に，道徳教育推進教師を選び，その役割を明確にすることである。

　これも校長が行うことになるが，道徳教育推進教師の選任に当たっては，その果たす役割の広さや重要性から，調整力や推進力をもつ教師を率先して充てるように努力すべきなのはいうまでもない。道徳教育推進教師が果たす具体的な役割については次の第2章で例示しているが，留意したいのは，道徳教育推

進教師がこれらの役割を一手に引き受けるというよりも，むしろ，活動を促進しながら各担当の活動を調整する，さらには援助するというような役割を重視して，組織全体の活性化に心掛けることである。

③ 担当者一人ひとりが力を発揮できるような体制にする

それとともに，一人ひとりが力を発揮できる体制を組織することである。

道徳教育の推進で重要なのは，各担当者が自らの発想や創意を生かすなどして，進んでかかわろうとする意識をもてるようにすることである。②にも示したように，道徳教育推進教師が一人相撲を取るような運営ではなく，例えば，自然体験の得意な教師が体験活動を組織したり，情報通信の扱いの得意な教師がホームページでの情報発信を担当したりするなど，それぞれの持ち分を主体的に果たすことができる環境をつくるようにする。

④ 道徳教育の全体計画を立案し実践や活動を具体化する

第4に，学校の道徳教育の全体計画を，全員が協力して見直し，修正したり，新たに作成したりする。

その際，学校として，どのような実践や活動を重視し，どのような手立ての柱を描くかが，具体化の方向になる。全体計画に示す各活動のそれぞれを誰が担うかなどの人的な協力体制を具体的にイメージすることも，これと同時に進められる。

⑤ 道徳の時間の年間指導計画の具体化とともに指導体制を考える

それとともに，道徳の時間の年間指導計画について，各学年部の組織などを活かし，全教師の力で作成していくようにする。

道徳の時間の年間にわたる指導についても，学級担任に任せきりにするのではなく，無理のないバランスの中で，複数の教師がかかわり合う指導の場を織り込むなど，指導体制を充実させていくことが大切である。例えば，ティーム・ティーチングなどの協力的指導，校長や教頭などが入った指導，専科教諭，養護教諭，事務職員などが専門的な役割を活かしてかかわるなど，複数の人がかかわることができる指導をイメージアップし，指導体制を具体化していくようにする。

3 多様な協力体制の組織化の例

 では,どのような協力体制が実際に見られるのか。

 学校としての協力体制は,学校の道徳教育推進上の目標や,学校としての特色,学校や地域の実態,学校規模などを考慮しながら,実際的なものとして組織化していくことが大切になる。したがって,まず多様な方法例を知っておき,それらを手掛かりに学校なりの体制を描き出すように努めるとよい。

 このことに関して,『解説書』では次のように示している。

> 　協力体制をつくるに際しては,まず,全教師が参画する体制を具体化するとともに,そこでの道徳教育の推進を中心となって担う教師を位置付けるようにする。例えば,①道徳の時間の指導,各教科等における道徳教育,家庭や地域との連携等の推進上の課題に合わせた組織や,②各学年段階ごとに分かれて推進するための組織のそれぞれが機能するような体制をつくるなど,それぞれの教師が主体的にかかわることが大切である。③道徳教育推進教師を中心とした道徳教育推進のためのチームをつくり,学校全体の教科等や生徒指導,保健指導等の各担当者と関連を図った体制とすることなども考えられる。
>
> 　　　　　　　　　　(小学校版 p.64,中学校版 p.65・下線及び丸数字は筆者)

 ここから読み取ることができるように,『解説書』では,①推進上の課題に合わせた組織,②学年段階ごとの推進を活かした組織,③推進チームをつくる方法などを例示して,各学校ごとに工夫した協力体制づくりを求めている。各学校の実態等に応じて,多様な体制づくりが考えられてよいのである。

 様々な学校に見られる協力体制づくりの方法を具体的に整理するならば,次のような協力体制の組織化の例が見られる。

A:現在の学校運営組織を生かす方法

 どの学校にもある通常の校務分掌による運営組織を効果的に活かして道徳教育推進体制とする方法である。例えば,学校では,教務部,教育課程部,生徒指導部,連携・渉外部などを置くことが広く見られるが,それぞれの分掌ごとに道徳教育上のどのような課題を担うのかを明確にするのである。

この体制の場合，各担当者の本来の分掌の仕事に意識が奪われて，道徳教育への主体的なかかわり意識が弱くなる不安がある。したがって，担当者一人ひとりからの情報を集約し，調整し，さらに全体を牽引するような道徳教育推進教師の計画化と実践化の役割が一層重要になる。

Ｂ：道徳教育推進チームをつくる方法

　複数の教師のチームによって道徳教育推進部，道徳教育推進委員会や道徳教育プロジェクトチームなどをつくることが考えられる。具体的には，若干名を選任し，道徳教育推進の独立した組織として置いたりする。また，Ａで取り上げたような各担当や分掌ごとの代表者などで推進チームを構成し，そのチームのまとめ役を道徳教育推進教師とするという体制も考えられる。

　この体制は，道徳教育を学校の特色あるプロジェクトなどとして重点的に推進したいときに活かすと効果的である。

Ｃ：学年部代表者で組織する方法

　中学校で比較的広く見られるのが，各学年部の代表者で組織する方法である。学年部で動くことが多い場合，その特色を活かし，各学年部の代表者全員が道徳教育推進教師となる方法，または，さらに主担当者としての道徳教育推進教師を決め，そのもとに代表者会議を置く方法などが考えられる。

　小学校でも，各学年，または低・中・高の学年段階ごとの代表者と，専科部の代表者で組織するという方法などを見ることが多い。

Ｄ：研究推進の各部を組織する方法

　道徳教育を学校の重点課題や研究課題としている学校に見られるのが，道徳教育の推進課題ごとに組織を新たにつくる方法である。例えば，「授業研究部」「体験活動推進部」「家庭・地域連携部」などをつくり，全教師がこのどれかに所属し，研究推進の課題にかかわれるようにするのである。

　その場合，各部の代表者と道徳教育推進教師によって，「道徳教育推進委員会」のようなものを各部をつなぐものとして置くことが多い。学校によっては，研究主任が道徳教育推進教師を兼ねることも見られる。

　これは，かなり強力な推進体制であり，道徳教育の研究指定校や推進モデル

校でしばしば見られる形態である。

E：家庭や地域社会との連携を重視する方法

　家庭や地域社会との連携を重視した道徳教育を進めようとする場合，その視点を織り込んだ協力体制とすることが考えられる。家庭や地域社会への啓発活動や，学校の道徳教育への保護者や地域住民の積極的な参加を促そうとする場合，そのための活動を進めやすい体制にするのである。そこでは，「道徳的実践活動推進本部」「心の教育推進部」のようなものがつくられ，保護者の代表や地域の関係団体の代表も加わることになる。

　なお，学校内だけでつくった道徳教育の核となる組織を活かして，年に若干回，例えば学期ごとに開く拡大協議会として，学校外の人を含めた組織を位置づけることも考えられる。

F：その他の方法

　以上，体制づくりの方法をいくつか例示してきた。これらの他にも，学校の道徳教育の方針や特色，学校規模などに応じて様々な形が考えられてよい。

　例えば，全教師が上記の中の研究課題ごとの研究部と学年部のそれぞれに所属するなど，二重のシステムをとる形も実質的で機能的な方法である。

　小・中学校相互の連携を重視するところでは，小学校と中学校それぞれに道徳教育推進の部組織や委員会組織をつくり，それらを連結した，いわゆる拡大委員会を設ける形も実際に見られる。

　また，小規模校の場合は，一人の教師にいくつもの役割が重なるため，体制を思い切ってスリム化し，役割を集約して位置づけたり，その逆に，学校の全教職員が一人一役を担う形で組織したりする方法も考えられる。

　なお，第3章の「取組の実際」の各事例では，各学校の実態に応じた体制を事例の第2ページ目に図示していただいた。それを見ると，上記の趣旨が複合された形も見られるなど，それぞれに特色ある体制になっていることが分かる。各学校において体制を検討するときの参考例として，ぜひ活かしていただきたい。

4　協力体制づくりに際して留意したいこと

　このような協力体制をつくる際には，いくつか留意したいことがある。今までに示したことを含めて改めて整理するならば，特に心にとどめておきたいこととしては，次のことが挙げられる。

　まず第1に，担当者一人ひとりが創意工夫でき，力を発揮しやすい体制にすることである。このことは，既に述べたとおりである。一人ひとりが計画の中で自分の思いを込め工夫したことが活かされてこそ，一体的な推進の中で，各担当者の取組への意欲もその効果も十分に高められる。

　第2には，道徳教育推進教師が全体を視野に入れながら推進しやすい柔軟な協力体制にすることである。そのためにも，担当者間で必要に応じて調整したり，修正や補完をし合ったりすることができるような，融通性のある体制とすることが重要になる。

　第3には，翌年度にも活かすことができるような，継続的，発展的に続けられる体制とすることである。したがって，運営に無理がなく日常的に進められる体制としておくことが鍵となる。

　第4には，小学校と中学校の各学校段階の特色など，発達段階上の課題を反映したものとすることである。小学校と中学校では，学校体制も子どもの心の成長にかかわる課題も異なり，道徳教育の推進上の着眼点もそれぞれに特色がある。例えば，中学校の場合，学年部や教科部の組織をより効果的に生かしてこそ，全校的な体制をつくりやすいという面がある。その一方で，まったく違う発想に立って道徳教育上の役割を分担するという方法も，各教師が新鮮な感覚で受け止め，一体的な推進に効果を生むことも考えられる。

　各学校においては，これらのことを意識しながら，それぞれの特色や実態に応じた機能的な体制をつくっていくことを期待したい。

（永田繁雄）

第 2 章
道徳教育推進教師の役割とその焦点化

1. 校長の方針と道徳教育推進教師の役割

1 校長の方針と道徳教育推進教師の役割

(1) 校長の方針の明確化

　道徳教育は，道徳の時間を要(かなめ)とし，学校の教育活動全体を通じて行われる。学校が一つのチームとなり，それぞれの教育活動に一貫性と関連性をもたせ，それぞれの立場や役割で持ち味を活かしながら子どもたちにかかわることで，教育効果は大きなものとなる。そこに家庭や地域の力が加われば，その教育効果はとてつもなく大きくなる。その基本となるのが，校長の方針である。道徳教育に本気で取り組もうとする姿勢を，ぜひ，校長として明確に示して欲しい。

　子どもたちの心を育てることの重要性や道徳教育の推進を，学校経営方針に明記するとともに，道徳教育推進教師に，道徳教育の力強い推進を命じ，それを支える姿勢を示すことが，校長の方針を示す第一歩である。その上で，道徳教育推進教師を中心に，学校や地域，子どもの実態を踏まえながら，全体計画等を作成し，各学校の特色ある教育活動を具体化していくことになる。

　校長が道徳教育に対して熱心でなかったり後ろ向きであったりする学校では，道徳教育の充実はなかなかむずかしい。一方，校長がその重要性を表明している学校は，子どもたちが心を開き生き方や夢を語る光景に出会えるのである。

2 道徳教育推進教師の役割

　「道徳教育推進教師」に求められる役割は，道徳教育の「推進」役である。これまでの「道徳主任」や「道徳係」は，ややもすると学校の道徳教育に関する仕事を一切合切に引き受け，処理をする役割であることが多かったのではないだろうか。一方，道徳教育推進教師は，学校の道徳教育を「推進」させる役割が中心となる。学校の教育活動全体で行う道徳教育やそれらの要となる道徳

の時間が充実し,成果を上げていくことができるよう,学校の中心となって推進していく役割を,道徳教育推進教師は担っている。

2．道徳教育推進教師に期待される多様な役割

『学習指導要領解説　道徳編』には,道徳教育推進教師の8つの役割が示されている。それらを手がかりに,道徳教育推進教師が取組を進める際のポイントや工夫について示していきたい。

なお,これらの役割は,当然,道徳教育推進教師が一人でかかえて実現するというものではない。学校として道徳教育を推進し,充実させていく上で,みんなで分担して担うべき内容として理解することが重要である。また,内容によっては,一度にその実現がかなわないと考えられるものや体制づくりや基盤づくりから時間をかけてコツコツと進めていく必要がある内容もあるだろう。

道徳教育推進教師はこれら全体を意識し,見通しと熱い思いをもちつつ,みんなで取組を進めていくことができるようコーディネートしたり,アドバイスしたり,まとめたりしていくことが重要である。

1　校長の方針を活かした道徳教育の諸計画の具体化
　　～みんなの知恵を結集し,みんなでつくった計画にしよう～

まず,計画づくりには,次のような意義がある。
○　子どもたちの心を育てる見通しをもち,その学校の子どもの実態や発達の段階に応じた取組を積み重ねることができる。
○　全ての教育活動で道徳性を養い,有機的に関連づけることができる。
○　みんなでつくることで,共通理解とともに,参画意識を醸成できる。

子どもたちに豊かな心を育てたいという願いは,みんながもっている。その思いが,まとまっているのと,ばらばらであるのとでは,取組の効果は大きく違う。また,学校によって,年度によって,子どもの実態は違う。さらに低学

年には低学年にこそ，高学年には高学年にこそ，取り組むべき課題がある。見通しをもち，学校として積み上げていくためには，計画づくりは重要である。みんなで計画づくりに取り組む体制や雰囲気をつくっていきたい。

　まず，全体計画の作成や改善に取り組む。全体計画は，一年間の道徳教育の推進の大黒柱である。校長の方針のもと，学校や地域，子どもたちの実態をみんなで考えながら重点を明確にしていくことになる。その際，次のような視点を大切にしていくとよいだろう。

(1)　計画づくりは参画のチャンス

　計画づくりは，その進め方次第で，参画への大きなチャンスとなる。

　まず，みんなが役割を分担してつくることができるようにしよう。道徳教育推進教師や担当者だけで重点目標を決めて全体の了承を得るという進め方ではなく，みんなが，「自分たちがつくった」と思える計画づくりにすることが大切である。各分掌から代表者を集めたり，各分掌で話し合って意見や考えを表明できるようにしたりするなどの工夫が考えられる。

　一方，家庭や地域の人々も，計画づくりに参画していただけるようにしよう。子どもたちの心の育ちの状況や願いについて意見をうかがったりアンケートを実施したりするのは，参画への第一歩である。また，学校評議員やＰＴＡなどの組織に働きかけ，意見や願いをうかがうこともよい方法である。さらに，道徳教育を推進するための組織をつくった場合は，そこに家庭や地域の人たちの参加を求めるなど，より進んだ参画の仕方も考えられる。

(2)　プラス思考で

　子どもたちの実態や重点目標を考えるとき，「○○が足りない」「○○が弱い」とマイナス思考になりがちである。足りないから育てるという視点も必要である。しかし，そればかりでは一方的な教え込みになってしまうことも考えられる。本校の子どもたちは○○なところがすごくよいから，もっと伸ばしていこう，というプラス思考を大切にしたい。道徳教育は，よりよく生きようとする力を，子ども自らが引き出していくことで道徳性を育てる。よさをさらに伸ばすという姿勢を，道徳教育推進教師が率先してもつことが，みんなで進め

る道徳教育の推進にとって大事なポイントである。

　みんなでブレーンストーミングをし，子どもたちのマイナス面だけでなくプラス面を自由に出し合うことも効果的である。概してマイナス面はいつも見えているが，プラス面は他者の意見や考えから気付かされるものである。

　重点目標が決まったら，道徳の時間や教科等，さらには特色ある教育活動や豊かな体験活動などの指導の方針，それぞれの内容及び時期を示すことになる。ここでも，道徳教育推進教師は，基本的な進め方や様式などを示しながら，各学年や各教科等の分掌など，それぞれの担当者が参画して作成作業を進めていけるようリードしていきたい。

　計画ができあがることも大切であるが，計画をつくる過程が，学校としての道徳教育推進の過程そのものである。何度も繰り返すが，みんなで取り組み，みんなの知恵を結集し，みんなで仕上げていくことが大切である。

　道徳の時間の年間指導計画，学級における指導計画についても同様である。

　道徳教育推進教師は，道徳性の育成に関して，全ての教育活動と学校全体としての推進状況に目を向ける位置におり，また，その役割がある。

2　学校の教育活動全体における道徳教育の推進
　〜全体計画を柱に，それぞれの教育活動の特質を活かして進めよう〜

(1)　全体計画に基づいて進める

　全体を把握する拠り所になるのが，道徳教育の全体計画である。全体計画に基づいて，それぞれの教科等や体験活動，日常の生活の中で，道徳教育が進められることが必要である。そのためには，全体計画が絵に描いた餅にならないようにすることが大切である。みんなでつくった全体計画や道徳教育重点目標への意識が持続するようにしたい。例えば，計画を簡略化して目の届くところに掲示したり手元に置いたりするなどの工夫が考えられる。みんなでアイディアを出しながら工夫していくとよい。

(2)　それぞれの教育活動の特質に応じた取組を進める

　それぞれの教育活動において道徳教育を推進する際，特に重要なことは，そ

の教育活動の特質を踏まえて道徳性を育成することである。

　全体計画をつくる際，各教科等の担当者がそれぞれの教育活動における道徳教育の計画を立てている。この計画が確実に実行されるよう，見守り，支援するのが，道徳教育推進教師の役割である。各教科等の担当者と連携し，相談に乗ったり，取組の充実を促したりすることが求められる。

　また，授業だけでなく，朝の会や帰りの会，給食，清掃，休憩，部活動なども，道徳教育を進めていく上で重要な場面である。生徒指導や保健指導，給食指導などの担当者とも連携しながら，取り組んでいきたい。

　この際，道徳教育推進教師は，子どもの道徳性をはぐくむという考えや姿勢を常に心がけ，みんなをリードしていく姿勢が求められる。この教育活動を通してどのような心の育ちがあるのかを考え，豊かな道徳性をはぐくむことができるようにするのである。それぞれの教育活動での指導が，行動の指導，特に，取締りのような指導や一方的な押しつけのような指導だけになってしまうのではなく，子どもたちの心の育ちに目を向けることができるよう，提案や助言をしたい。

(3)　組織として推進できるようにする

　各学校には，学校の様々な活動の調整をしたり，課題を検討したりする企画委員会や運営委員会などがある。そのメンバーの一人として，道徳教育推進教師が出席し，道徳教育推進の視点から意見を述べることができるようにすることも，道徳教育を推進していく上で，大切なポイントである。この点は，委員会の組織づくりにかかわるため，校長等の判断によるところも大きい。

　なお，常時は無理であっても，学校行事などの取組について審議する際に意見を述べる機会を得ることも方法である。

3　道徳の時間の充実と協力的指導などの体制づくり
　〜道徳の時間の話題が出る雰囲気づくりに努めよう〜

　道徳教育の要の時間である道徳の時間の充実は，道徳教育の推進にとって非常に重要である。道徳教育推進教師は，次のような役割を担っている。

(1) 道徳の時間の特質と楽しさを啓発する

　道徳の時間は，道徳的実践力を養う時間である。行動を直接に指導する時間ではない。しかし，様々な実践の中には，行動の指導になっている事例も少なくない。道徳的価値の自覚を深め，自己の生き方についての考えや人間としての生き方についての自覚を深め，内面的資質としての道徳的実践力を養うという道徳の時間の特質を，全ての教師が理解できるようにすることが大切である。子どもが，そして教師自身が，道徳の時間の楽しさを感じることができるようにすることが，道徳教育推進教師の大きな役割である。

　年度当初に，道徳教育推進教師自身が道徳の時間を公開し，道徳の時間についての基本的な考え方を研修している学校もある。道徳教育推進教師をはじめ道徳を担当する者が，率先して，道徳の時間の特質や楽しさを示すことなどはとてもよい。

(2) 道徳の時間の進め方についての相談に乗る

　道徳教育推進教師は，相談役としての役割もある。道徳の時間に関して，他の教師の悩みの相談に乗ることで，各学級における道徳の時間の充実につながる。道徳教育推進教師自身が，道徳の時間の特質や具体的な進め方について，研鑽を積んでおくことが大切である。

(3) 道徳の時間が話題になる雰囲気をつくる

　道徳の時間についての話題が飛び出す職員室の雰囲気をつくることも大事である。このような道徳用教材があったとか，中心発問はこれでよいだろうかなど，道徳の時間の進め方についてみんなで考えていくことのできる雰囲気づくりは，道徳の時間の充実に，大いにつながる。

(4) 校長や教頭などの参加，他の教師との協力的な指導の体制をつくる

　さらに，道徳の時間における指導に当たって，校長や教頭などの参加による指導や，他の教職員とのティーム・ティーチングなどの協力的な指導などについて工夫し，道徳教育推進教師を中心とした指導体制を充実することが求められている。道徳教育推進教師などが，積極的に呼びかけ，その計画や調整を進めていきたい。

4 道徳用教材の整備・充実と活用の促進
　〜学校の財産として，道徳用教材を収集・保管・活用しよう〜

　「よい読み物資料が見つからない」という声をよく聞く。学級担任が，この読み物資料を使って授業をしてみようという意欲を高めるためにも，道徳用教材の整備は道徳教育推進の大きな鍵を握っている。

(1) 道徳用教材の整理と保管，活用に向けて

　教材室や教材棚などを整備し，いつでも，誰でも，自由に取り出して使えるよう，道徳用教材を整理し，保管し，活用できるシステムをつくる。特に，その年に使われた教材が，確実に次年度に引き継がれ活用されるシステムをつくっておくことが大切である。

　整理をする際は，大きな袋を用意し，学年や内容ごとにまとめるとよい。学習指導案やねらいの分析，活用のポイント，留意点のメモなどを添えて保管しておくと，次に使う人がとても便利である。最近では，板書をデジカメに撮り，プリントアウトして教材に添えて保管する学校もある。

　また，どのような教材があるかを学級担任に情報提供することも必要である。道徳の時間の年間指導計画に明記したり，リストにまとめて一覧表にしたりするとよい。

　なお，著作権について十分押さえるとともに，校内に啓発することも必要である。市販の教材を安易にコピーしたり，使い回したりすることは避けなければならない。

(2) 新しい道徳用教材の収集に向けて

　学級担任をはじめとする校内の教師の声には，「このような教材が欲しい」「この教材は，子どもたちの心にとても響いた」などの情報がある。子どもたちの実態や教師のニーズに合った教材を常に把握しておこう。

　一方，研究会や書籍，雑誌，インターネット，新聞，テレビ，身近な出来事などには，道徳用教材や道徳の時間のアイディアやヒントがある。教材を広く求めるという姿勢をもち，常にアンテナを張り巡らせ，幅広い情報を収集し，

(3) 道徳用教材の開発に向けて

　さらに，最近では，教材を自分たちで作成する学校も多い。教材づくりは，欲しい教材が手に入るという意義だけでなく，作成の過程で，教師自身が子どもの実態を考えたり，道徳の時間の展開や特質を学んだりできるという利点がある。後述の研修体制の充実とも合わせ，ぜひ，みんなで道徳用教材の開発に取り組んでみよう。そして，開発した教材を，学校の財産として，他の学級でも活用したり，次年度に引き継いだりできるようにしたい。

　なお，教材開発に取り組む際も，著作権等の保護には，十分留意しながら進めていくことが大切である。

5　学校の道徳的な環境の整備と情報提供・情報交換
　～道徳教育にみんなで取り組んでいるという雰囲気をさらに高めよう～

　道徳の時間や各教科等での道徳教育の取組とともに，学校の道徳教育の指導内容が児童の日常生活に生かされるようにする必要がある。

(1) 道徳的な環境を整備する

　学校の教室や廊下，校庭などの環境は，子どもたちの道徳性の育成に大きくかかわっている。まずは，環境の美化や整理整頓を教師や子どもたち自身が心がけていけるよう，学校の環境整備部や生徒指導部，特別活動部などと連携することが必要である。特に，子どもたちの自主的な活動として環境の美化や整理整頓に取り組むようにすることは，道徳的実践の場としてとても意義深い。

　さらに，より積極的に心を育てる環境の整備を，学校全体で取り組もう。子どもたちの心に残る詩や絵を掲示する，動植物の飼育・栽培を積極的に行う，心を育てる図書を充実させる，校内でBGMを効果的に使うなど，学校の特色や教職員の特技を生かした様々な工夫が考えられる。

　掲示板に，『心のノート』を拡大して貼ったり，道徳の時間に使った資料や子どもたちが書き込んだワークシート，授業の様子を紹介したりしている学校もある。道徳コーナーを設け，輪番で教職員が自分の好きな言葉や子ども時代

のエピソードを紹介している学校もある。教職員と子どもたちの距離がぐんと縮まるとともに，一人ひとりの教職員の生き方を子どもたちは関心をもって受け止めることができる。子どもの心の育ちを期待しながら，みんなで知恵を出し合い，楽しく取り組むことがポイントである。

(2) 道徳教育に関する情報提供や情報交換を行う

　一方，情報提供や情報交換は，道徳教育や道徳の時間に関すること，取組の進捗状況に関すること，子どもたちに関することなどが挙げられる。校内で「道徳通信」を毎月発行している学校や，職員室に道徳コーナーを設けて道徳教育に関する書籍を並べたり，授業公開や勉強会のお知らせや取組の状況，自由な意見などを書けるようにホワイトボードを設置したりしている学校もある。

　特に，研究会や研修会へ参加したり，参加した者が校内で報告し合って共有できるようにしたりすることも，道徳教育を推進していく上で重要である。道徳教育推進教師として，これらを積極的に計画・調整することも大切である。

6　授業の公開など家庭や地域社会等との連携
　〜「道徳の先生」として，PTAや地域の人とつながろう〜

　道徳教育推進教師は，「道徳の先生」として，道徳教育に関する学校の「顔」をもって活躍し，学校，家庭，地域の連携がスムーズに進むようにしたい。

(1) 学校の取組を理解していただく

　① 学校通信，学級通信，ホームページ，道徳通信など

　　学校通信や学級通信，ホームページの中に，道徳教育や道徳の時間の話題が入るよう，道徳教育推進教師として，校長や教頭，学級担任などに積極的に働きかけよう。通信の中に，『心のノート』のページや言葉を掲載してもらうこともよい方法である。また，学校通信などは，家庭だけでなく，地域の人にも届けることで，学校の取組を理解していただける。自治会長さんなどに頼んで地域の掲示板に貼っていただくことも効果的である。

　　なお，それぞれの通信に道徳の話題を載せるよう働きかけることは，その作成者の道徳教育への意識化にもなるなど，道徳教育推進教師として，

道徳教育を推進する一つのテクニックである。
　また，道徳教育推進教師が，道徳通信を出すことも，学校としての道徳教育の充実につながる。その際，次のような工夫が考えられる。
- 学年のコーナーを設け，輪番制で各学年に書いてもらう。
- 道徳教育や道徳の時間の取組での子どもの声を載せる。深まりや成果が一目瞭然に伝わる。載せるときは，本人と保護者の許諾を忘れずに。

② PTAや地域の研修会，懇談会，役員会への参加
　さらに，文章だけでなく，直接伝えることも大切である。PTAや地域の研修会，懇談会，役員会などで発言や研修の機会をいただく。たとえ一度でも話題として取り上げていただくと，家庭や地域の人たちの意識に残る。

③ 道徳の時間の授業の公開
　学校の取組が最も伝わりやすいのが，道徳の時間の授業公開である。次のような工夫が考えられる。
- 前年度に作成される年間行事計画に道徳の授業公開を明記する。
- 道徳教育推進月間を設け，全ての学級が一斉に公開をする。保護者にも地域の人たちにも印象的となる。
- 授業のねらいや趣旨を説明する資料を用意し，道徳の時間の大切さなどを理解していただく。読み物資料は著作権保護の観点から配付できない。
- 授業公開に合わせて，懇談会や講演会などを行う。
- 案内をこまめに行う。学校や学級の通信に入れたり，ポスターをつくったりして，ていねいに案内をする。

(2) 学校の取組に協力し参加していただく
　理解を得た上は，家庭や地域においても，それぞれの役割やかかわり方で取組を進めていただこう。家族や地域のみんなであいさつを心がける，子どもに手伝いをさせる，生まれたときの話をする，地域の行事に子どもたちを参加させるなど，家庭や地域でこそできることに積極的に取り組んでいただこう。
　さらに，ゲストティーチャーとして授業に参加していただくことができれば，大きな一歩となる。ただし，学年の重なりが生じたり，招へいする年としない

年ができたりするなどの問題が起こりがちである。ゲストティーチャーとの授業の打合せは学級担任に任せるとして，道徳教育推進教師は，調整役としての役割を果たし，学校としてのゲストティーチャーの招へい状況をしっかりと把握しよう。地域人材バンクを作成するのも方法である。道徳教育を推進していくための協力者や応援団を，一人でも多く増やしたいものである。

(3) 組織として，道徳教育に取り組んでいただく

PTAや地域の様々な組織に，子どもたちの心を育てる取組を進めていただくよう，理解を求めていくことも道徳教育推進教師の大事な役割である。様々なアイディアを提供し，支援しよう。PTAと協力して，心を育てる子育てブックをつくったという先進的な学校もある。

そして最終的には，地域モラル委員会や校区子育てネットワークなど，学校，家庭，地域の人たちによる心を育てる地域のネットワークづくりができれば最高である。町おこしの取組の一つとして，地域などが主体となって立ち上げていくといったことも考えられる。

7 研修体制の充実と教師の授業力の向上
～授業で勝負。子どもの心に響く授業づくりにみんなで取り組もう～

教師の授業力が上がってこそ，道徳教育は力強く推進される。子どもたちが魅力を感じ，心待ちにする授業づくりを，みんなで楽しめる学校を目指そう。

(1) 道徳教育や道徳の時間の特質，道徳授業づくりについて理解する研修

残念なことに，まだまだ，道徳の時間が行動の仕方の指導になったり，日常の生活の中で十分に心の教育について指導をしているから道徳の時間は必要ないと考えたりする教師がいる。さらに，道徳の時間の必要性は分かっているものの，教師がしゃべりすぎたり，一方的にまとめたりする指導も少なくない。

まず，道徳教育や道徳の時間の特質について，研修を通して理解を深めていくことが，道徳教育推進教師の役割である。

研修計画は，前年度に決められるものである。道徳教育推進教師はその大切さを主張しつつ，学校の企画委員会などで積極的に提案し，計画的に進めよう。

さらに，授業力の向上には，実践力を磨く授業研究は欠かせない。最近は，道徳の時間を互いに見合う学校が増えてきた。特に中学校は，教科ごとの研究授業や互見授業を学校全体で取り組むことにむずかしさがある。その点，道徳の授業は，全ての学級担任が行うため，共通の話題として成り立つ格好の研修となる。生徒理解も含めて，みんなで，魅力的な授業づくりを目指そう。

　授業研究を行う際，当日の工夫はもちろんのことであるが，授業づくりのプロセスも大切に進めたい。学年や部会の事前研修で，教師が子ども役になり，模擬授業をして授業の流れや発問について考え合うことも楽しい研修となる。年度ごとの研究テーマを設け，みんなで取り組む体制や雰囲気づくりを心がけたい。テーマの例として，「道徳的価値の自覚を深めるための効果的な発問とは」「練り合いのある道徳授業とは」「子どもの発達の段階に応じた指導の進め方」「体験活動を活かした道徳授業の展開」「生命を大切にする心を育てる授業づくり」「規範意識を高める道徳授業」などが考えられる。これについても，みんなの意見や希望から実現できるようにすることが効果的である。

(2) 研修体制の充実のためのネットワークづくり

　さらに，道徳教育推進教師は，周囲の学校の道徳教育推進教師とのネットワークをつくろう。互いの取組について情報交換したり，校内の授業研究があるときは，周囲の学校に声かけをし，自由に参加できるようにしたりすることで，自校の単独での取組だけでは得られない幅広い成果を互いに得ることができる。

　また，研修に限らず，校内の道徳教育推進体制を充実させる上で，道徳教育推進教師の複数配置や学年配置を工夫していくことも方法である。

8　道徳性の評価，授業評価と授業改善
　〜「長い目」「多くの目」で評価するシステムをつくろう〜

　子どもの道徳性については，常にその実態を把握して指導に活かすよう努める必要がある。また，計画そのものを評価・改善していくことも大切である。

(1) 子どもの道徳性の評価と指導

　子どもの道徳性を養うためには，子どものよりよく生きようとする力を引き

出し，伸ばしていくという基本的な姿勢をもち，「長い目」と「多くの目」で子どもを共感的に理解していくことが大切である。また，子どもの自己評価を促すことによって，子ども自らが，よりよい生き方を目指そうとする道徳的価値の自覚を深めることができるようにすることも大切なことである。

「長い目」での評価を進めるために，計画的に取り組むことができるようにしよう。各種の診断テストやアンケートは，その限界を押さえつつ実施することで，学年ごとや学年の始めと終わりの変化を捉え，子ども理解に活かしていくことができる。また，多様な視点からの記述による評価を累積し，子どもの成長を捉えることは，子どものよさが見えて効果的である。

「多くの目」という点では，学級担任だけでなく，学校の教職員，さらには保護者，地域の人たちの協力を得て，子どもたちを理解していくことで進めることができる。子どものプラスの面を積極的に評価していただくことをお願いしよう。学級担任からは見えなかった子どもたちの様々なよさを知り，学校としてその後の指導に活かしていくことができる。

(2) 道徳教育の全体計画等の評価と改善

PDCAサイクル（Plan → Do → Check → Action）により，学校としての道徳教育の取組を向上させていくことは，道徳教育推進教師の大きな役割である。指導計画の評価は年度末に行うものと固定的に考えるのではなく，年間を通じて評価・改善が行われていくシステムをつくっておくことが大切である。そのためには，道徳教育推進の組織を定期的に開催したり，日常での取組を振り返り集約するチェックシートや窓口などを設けたりするとよい。

そして，年度末に行われる総括的な評価の際は，年間を通して実施してきた評価・改善資料をもとに，大きな視野で成果の確認と改善に向けた話し合いを行うのである。

（島 恒生）

第 3 章
道徳教育推進教師が活きる取組の実際

| 取組の実際 | 道徳の時間の授業を |
| 小学校 1 | みんなでつくり，みんなで評価する |

北海道網走市立白鳥台小学校

🌷 本校の注目ポイント 🌷

1. 模擬授業による指導案検討
2. 授業評価を活かした「道徳の時間」の授業分析

(((学 校 の 様 子)))

　本校は，平成17年にユネスコ世界遺産の認定を受けた知床半島の付け根に位置し，斜里岳や羅臼岳等の知床連山が目の前にそびえる。また，ラムサール条約登録湿地の認定を受け，毎年たくさんの白鳥が飛来する濤沸湖(とうふつ)は，校舎から歩いて数分のところにある。さらに，この地は近年，テレビドラマや映画の撮影地としても有名で，たびたび登場している北浜駅もすぐそばである。

【開校10周年を迎えた本校の全景】

　豊かな自然や恵まれた環境に囲まれる本校は，平成12年の開校以来，地域の伝統芸能である白鳥生き生き太鼓と白鳥獅子舞を伝承する取組や，濤沸湖(とうふつ)ラムサール条約にかかわる環境学習を推進するなど，ふるさと教育の充実を図りながら，道徳教育において言語活動と体験活動を関連づけた指導体制や指導方法の工夫の研究を進めている。

(((こんな道徳教育を進めたい)))

　本校では，道徳の時間と体験活動及び各教科等とを関連づけた指導の工夫や，家庭や地域社会などとの連携を図った一体的な道徳教育の工夫を進めている。

とりわけ、道徳教育の要である道徳の時間については、「対話力」を高めることを目指している。「対話力」とは、子どもが、資料との対話、仲間との対話、自分の心との対話を通して、主体的な意志をもって自己の心や仲間と話し合ったり聞き合ったりする力である。この対話力を高めることで、子どもにとって道徳の時間が、資料や学級の仲間、自分の心との対話を通して前向きな心を温めて、今の自分をじっくり見つめる時間になるようにしている。

みんなで取り組むために

 本校は、教師一人ひとりの持ち味が発揮されながら、教職員全体、また学校・家庭・地域のみんなで道徳教育に取り組むために、研究主題「伝え合う力を培い、豊かな心をはぐくむ道徳教育の充実」を設定し、校内研修を推進している。

 そこで、道徳教育推進教師である私は研究主任も兼ねて、①各担任が年4～6回の校内授業研を実施するといった授業実践を中核にした校内研修、②年2回の公開研究会の開催、③参観日での道徳の時間の公開、④家庭・地域と連携した道徳の時間の実践、⑤体験活動の充実、について計画し推進した。これらを充実させるために、校長・教頭への報告と相談を密にして事前の準備を入念に行いながら、校内各分掌との連携や各担任への情報や資料の提供などの支援、保護者・地域や関係諸機関との連絡調整の中核となり、道徳教育の要である道徳の時間を学校の組織全体としてよりよくする体制をつくった。

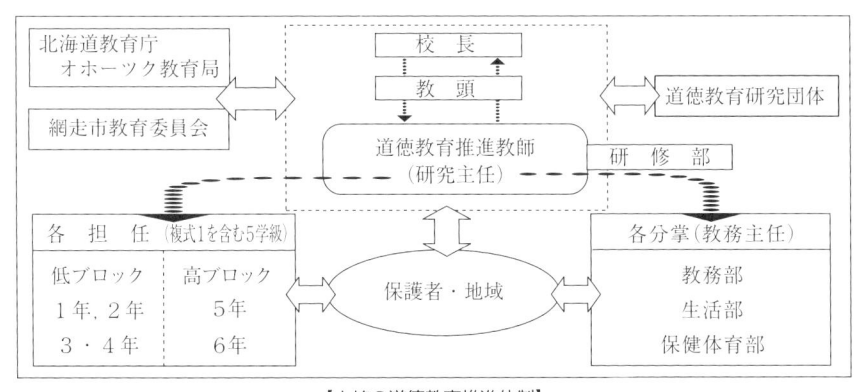

【本校の道徳教育推進体制】

取組の実際

1 模擬授業による指導案検討

　本校は，校内研修を活性化し道徳教育の充実を図る一助として，平成20年度より２年間，文部科学省から「道徳教育実践研究事業」の指定を受け，授業実践を中核に研究を進めてきた。その結果，研究理論や道徳教育に対する理解は深まった様子が見られた。しかし，「実際にどのような道徳の時間をつくるか」という最も具体的な部分については，個々の力に頼る面が多く，組織的な研究にはさらに工夫の余地があるようにも感じられる。同僚として各学級が抱える様々な実態が見えたり，授業者がお互いの思いを知っていたりするだけに，どこか遠慮があったのかもしれない。道徳教育は授業者にとっても内面にかかわるデリケートなものである。

　そこで私は，実際にみんなで授業をつくり，その授業をみんなで分析するシステムをつくりたいと考えた。ポイントは，模擬授業による指導案検討と授業評価を生かした授業研究である。

(1)　４月９日「第１回研究授業」

　新年度開始直後の４月９日，北海道教育委員会教育長を迎えて１回目の研究授業を行った。その指導案検討は，入学式終了後の午後に行われた。「全国一早い研究授業かもしれないね」など，和気あいあいと検討会は進んだが，先にも述べたとおり，「授業者の思いを尊重する」という名の遠慮があった。また，限られた時間内において紙面のみで意見を交流するには限度もあった。

　研究授業終了後，私は直ちに校長室を訪れ，「模擬授業による指導案検討をやりたい！」という自分の思いを伝えた。10年前の開校以来，総合的な学習の時間やよりよい学級経営を礎にした基礎学力の育成について研究を推進し，毎年，公開研究会を行ってきた校内研修の蓄積，そして研究と修養に常に前向きな本校の職員であれば，必ず実現できると思った。校長からも力強い励ましの言葉をいただき，また，教頭からは自身の体験からそのむずかしさの示唆も受けつつ，具体的なプランを提示しそれを先頭に立てて実行していくことが肝要

であることなどの助言を得た。

(2) 模擬授業が本校の研修スタイルに

　私は模擬授業によって、実際に子どもの前で発する指示や発問の言葉、板書、掲示物、さらには切り返しのための補助的な発問といった細かな対応など、授業の成否の鍵を握る部分について、十分な検討が図られる授業研究体制をつくりたかった。同僚を子ども役として行う模擬授業は心地よい緊張感がある。一方、子ども役を務める教師にとっては、改めて子ども目線で授業について考えたり、「もし自分がこの授業をする場合は…」という現実感をもって、指導案検討に参加したりする機会となる。

　しかし、教師にとって、「授業を誰かに見られる」というのは、快感でもあるがプレッシャーでもある。模擬授業は、それらを計画段階からもたらす。一人ひとりが考え抜いて提案する授業プラン。それが、模擬授業によって、掲示物の色ひとつや学習シートの罫線の幅ひとつから、再考を促されるのである。

　まずは、自分がその矢面に立つしかない。私は自身の2回目の研究授業を5月に設定し、ブロック及び全体での指導案検討だけでなく、模擬授業による検討を行うことを提案した。期待どおり皆賛成してくれたが、イメージがもてず不安も感じている様子だった。私は放課後の時間等を見つけて模擬授業のよさを理解してもらえるように個別に話をする時間をできるだけとった。時には、教頭にも話に入っていただいた。

　実際、模擬授業をやってみると、紙面だけよりも実際の流れにそって発問や資料を提示するので、いろいろアイディアが生まれやすく、お互いに様々な意見交流をすることができた。私自身、このときの模擬授業によって、掲示物の写真について同僚からたくさんの示唆を受けて一からつくり直したり、中心資料の本文の書き直しを協力してもらったりすることができた。そのおかげで当日は、1回目の研究授業よりも

【模擬授業による指導案検討の様子】

子どもたちの学習意欲を喚起させて，自分の生活を振り返る思考を深める授業をすることができた。これは，他の授業者も同じで，新卒3年目の若い教師も教材の内容や提示，発問の工夫，時間配分等，充実した授業を行い，その後の教職経験者研修の模範授業に取り上げられたほどの内容であった。

　当初は不安の積もる模擬授業だったが，その効果を実感していく中で，各教師の発言が積極的になったり，教材の開発や分析を深めたりすることができた。そして，模擬授業は毎回，一人当たり1，2時間，熱く燃えに燃えるようになった。授業は全ての教師で語り合うものである。私も発問や資料分析等については，校長・教頭と意見を積極的に交わしたり，議論に発展したりすることもある。このようにして，真剣かつ協働で授業をつくりあげていく中で，教育活動全体を全教職員で行っていく素地を着実に築くことができた。

(3)　外部との連携も図る

　さらに本校では，先進校の実践や学習指導要領を踏まえたよりよい実践を行っていくために，教育委員会等の専門機関との連携を図っている。

　毎回，研究授業の2週間くらい前に各授業者の指導案と質問事項をとりまとめて，教育局の指導主事に送り，後

【公開研究会の様子】

日，研修部で指導主事のもとを訪れて指導を受ける。そうすることで，校内だけでは気付かなかった課題が浮き彫りになる。また，その課題について，授業前に再度校内で協議して改善することもできる。そして，研究授業当日には，指導主事に助言者として来ていただき，本時のことだけではなく，授業前の計画，また，その修正や改善についても指導や助言を受けることができ，研修がより深まっていく。

　各教科等と同様，まずは校内外に公開することが授業力の向上の第一歩である。道東地区から150人の参加者を迎えて行われた11月の公開研究会の際は，本番2週間前に全授業者5人，約6時間に及んだ模擬授業にも指導主事に入っ

ていただき，大変熱のこもった指導を受けた。このように，専門機関との連携を図ることで，より客観的・効果的な道徳教育を推進する体制づくりも進めることができた。

2 授業評価を活かした「道徳の時間」の授業分析

　本校の道徳教育の中核は，授業研究である。年間35時間しか行えない道徳の時間は，他の授業以上に発問を吟味したり補助資料を開発したりするために時間をかける。そのように授業者の努力の結晶ともいえる1時間の授業。それが研究授業であれば，さらに力が入る。本校では，その研究授業を，年2回の公開研究会を含め一人4～6回行っている。

　しかし，だからといって，研究授業の後の研究協議を感想や授業者へのねぎらいの言葉に終始させてはならない。研究協議とは授業分析である。私はその授業分析を実のあるものとするために，教員相互及び子どもによる授業評価を実施したいと考えている。

(1) 外部からの情報収集と新たな試みを積極的に

　私はいくつかの研究団体に所属している。昨年，ある研究団体の学習会に参加した際，講師として来られていた指導主事から授業評価に関する話を聞いた。それまで，学級の雰囲気や教師の多大な労力をかけた準備等についてよいところを認め合うことが中心の研究協議に少なからず違和感を抱いていた私にとって，目からウロコの情報だった。幸運なことに，本校は教育委員会等の専門機関との連携が進んだ学校であったため，評価シートの作成やそのシートを活用した協議の進め方について指導・助言を受けた。

　そして，模擬授業を提案したときと同様，この授業評価に関しても同僚からすぐに快い返事を得ることができた。模擬授業にせよこの授業評価にせよ，他校では「やりたいけれどなかなかみんなの足並みがそろわずできない」という声がたくさんある中で，同僚からの心強いバックアップを受けて常に新しい試みに向かっていけることに感謝する日々である。

(2) 授業評価の実際

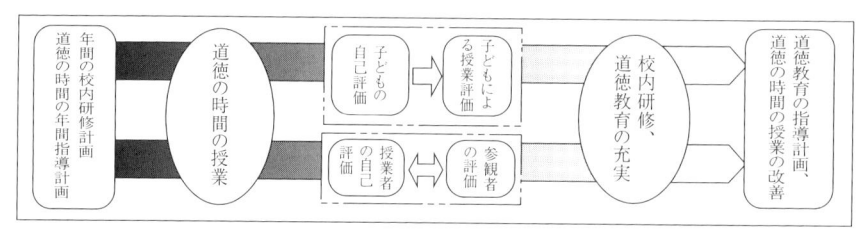

```
年間の校内研修計画　　→　道徳の時間の授業　→　子どもの自己評価／子どもによる授業評価　→　校内研修、道徳教育の充実　→　道徳教育の指導計画、道徳の時間の授業の改善
道徳の時間の年間指導計画　　　　　　　　　　　　　授業者の自己評価／参観者の評価
```

　本校では，上の図のように，年間の校内研修計画及び道徳の時間の年間指導計画に基づいて行う授業の内容や方法，指導計画等について，教員及び子どもから評価を受けることで，校内研修を中心に授業改善のための資料として活用し，改善策を実行していく一連のサイクルの実質化を実現した。

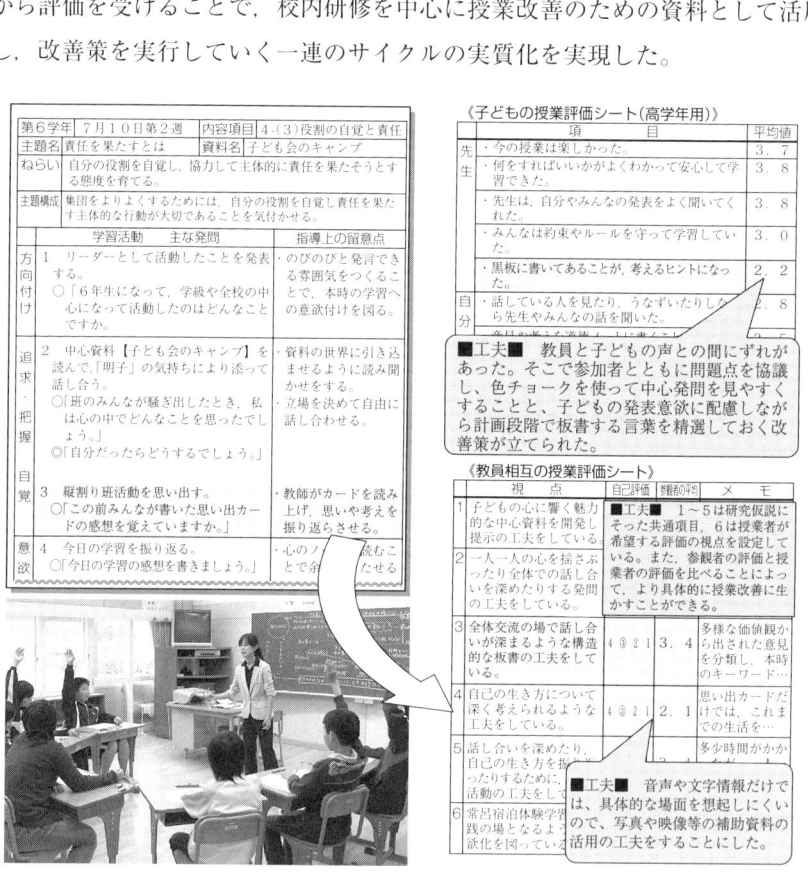

第6学年	7月10日第2週	内容項目	4-(3)役割の自覚と責任
主題名	責任を果たすとは	資料名	子ども会のキャンプ
ねらい	自分の役割を自覚し、協力して主体的に責任を果たそうとする態度を育てる。		
主題構成	集団をよりよくするためには、自分の役割を自覚し責任を果たす主体的な行動が大切であることを気付かせる。		

	学習活動　主な発問	指導上の留意点
方向付け	1 リーダーとして活動したことを発表する。 ○「6年生になって、学級や全校の中心になって活動したのはどんなことですか。」	・のびのびと発言できる雰囲気をつくることで、本時の学習への意欲付けを図る。
追求・把握	2 中心資料【子ども会のキャンプ】を読んで、「明子」の気持ちにより添って話し合う。 ○「班のみんなが騒ぎ出したとき、私は心の中でどんなことを思ったでしょう。」 ○「自分だったらどうするでしょう。」	・資料の世界に引き込ませるように読み聞かせをする。 ・立場を決めて自由に話し合わせる。
自覚	3 縦割り班活動を思い出す。 ○「この前みんなが書いた思い出カードの感想を覚えていますか。」	・教師がカードを読み上げ、思いや考えを振り返らせる。
意欲	4 今日の学習を振り返る。 ○「今日の学習の感想を書きましょう。」	・心のノートを読むことで…

《子どもの授業評価シート（高学年用）》

項目	平均値
先生	
・今の授業は楽しかった。	3.7
・何をすればいいかがよくわかって安心して学習できた。	3.8
・先生は、自分やみんなの発表をよく聞いてくれた。	3.8
・みんなは約束やルールを守って学習していた。	3.0
・黒板に書いてあることが、考えるヒントになった。	2.2
自分	
・話している人を見たり、うなずいたりしながら先生やみんなの話を聞いた。	2.8

■工夫■ 教員と子どもの声との間にずれがあった。そこで参加者とともに問題点を協議し、色チョークを使って中心発問を見やすくすることと、子どもの発表意欲に配慮しながら計画段階で板書する言葉を精選しておく改善策が立てられた。

《教員相互の授業評価シート》

	視点	自己評価	参観者の評価	メモ
1	子どもの心に響く魅力的な中心資料を開発し提示の工夫をしている。			
2	一人一人の心を揺さぶった全体での話し合いを深めたりする発問の工夫をしている。			
3	全体交流の場で話し合いが深まるような構造的な板書の工夫をしている。	4 0 2 1	3.4	多様な価値観から出された意見を分類し、本時のキーワード…
4	自己の生き方について深く考えられるような工夫をしている。	4 0 2 1	2.1	思い出カードだけでは、これまでの生活を…
5	話し合いを深めたり、自己の生き方を振り返ったりするために…活動の工夫をしている。			多少時間がかかっ…
6	日常宿泊体験学習…践の場となるよう…欲化を図っている。			

■工夫■ 1～5は研究仮説にそった共通項目、6は授業者が希望する評価の視点を設定している。また、参観者の評価と授業者の評価を比べることによって、より具体的な授業改善に生かすことができる。

■工夫■ 音声や文字情報だけでは、具体的な場面を想起しにくいので、写真や映像等の補助資料の活用の工夫をすることにした。

(3) 研究協議＝道徳教育充実に向けた話合い

　授業評価を活用することで，①研究仮説をもとに授業観察の視点を共有した分析，②授業のねらいと子どもの姿との関係から成果や改善の分析が促進される。とりわけ，授業者，参観者，子どもといったそれぞれ違った目で見ることで様々なズレが浮き彫りになる。そのズレとはまさに授業の課題であり，課題が明らかになるからこそ次の研究授業での工夫・充実点も設定しやすくなる。

　このような協議が実質化されるためには，協議の司会の役割が大きい。私は自分の授業以外については，全ての協議の司会をした。研究理論の具現化，それはつまり本校の道徳教育の目標の具現化であり，また協議の内容や方向性は，本校の道徳教育に関する話合いそのものだからである。その話合いを進めることは，道徳教育推進教師である私の使命である。

　道徳教育を全教育活動の中核とし，とりわけその要となる道徳の時間の授業研究を促進させる役割こそ，道徳教育推進教師が活きる取組の一つだと実感している。

● 悩み，喜び，四方山話 ●

　本校のように道徳教育を校内研修で取り組むと，実のある道徳教育が推進される陰で，多大な労力と時間を費やすことになる。研究主任を兼ねる道徳推進教師である私は，みんなの仕事を増やしている。さらに，道徳教育はその特質上，短期的かつ具体的にその効果が見えにくいものである。そのような中で，次の授業，次の校内研に向けてのエネルギーを与えてくれるものは，外部からの声である。公開研究会等で授業を見られると，厳しいご批判を受けることもあるが，自分たちだけでは気付かなかった子どものすばらしさや成長，教師団の取組姿勢へのエールを多く聞くことができる。

　道徳的実践への即効性を求める声が一方で強まる中，道徳の時間が，無限の可能性を秘める子どもの未来や長い人生のどこかで役立つ日が来ることを信じて，今後も道徳教育推進校としての役割をみんなで果たしていきたい。

（網走市立白鳥台小学校　小中理司（道徳教育推進教師））

取組の実際 小学校 2

主体的に生きる子どもを全教職員の力で育てる

青森県おいらせ町立木ノ下小学校

🦋 本校の注目ポイント 🦋

1. 研修部と連携を密にした道徳教育推進委員会
2. 全教育活動と「要となる道徳の時間」の在り方を追求する授業研究
3. 日常の道徳の授業について、情報交換をする道徳教育推進教師

(((学 校 の 様 子)))

　本校はおいらせ町北西部に位置し，近年，三沢市からの流入が増え，新興住宅地として著しく人口が増加している地域である。学校周辺の環境もここ数年間で一変し，新築住宅が毎月建設されている。そのため，農業中心であった保護者の職業が多様化し，転勤者も多いため，児童の転出入も激しい。全校児童数690名であり，ここ十数年のうちに200名以上も児童数が増えている。

【本校の正面玄関】

　本校児童は，明るく素直であり，元気なあいさつもできる。また，困っている友だちがいると手助けするなど優しい行動も見られる。しかし，自分の損得を考え，相手の立場に立って考えようとする力が弱かったり，進んで友だち関係を築くことができなかったりするなど，人間関係づくりが苦手な児童もいる。

(((こんな道徳教育を進めたい)))

　本校では，目指す子ども像「夢や希望をもち主体的に生きる子ども」を育てるために，次の2点について全教職員で追求し，子どもの変容を見取りながら

進めている。
① 「道徳教育は，学校の教育活動全体を通じて行われるもの」といわれるが，具体的にどのような指導が考えられるか。
② 「要となる道徳の時間」の指導では，深い価値の追求とその追求した価値とのかかわりから生活を見つめさせる「価値の主体的な自覚を図る指導」はどうあればいいのか。

みんなで取り組むために

本校の全教育活動を通して行う道徳教育を進めていくためには，教職員一人ひとりが主体的に取り組んでいかなければならないと考えた。

(1) 全教職員でつくる研究計画

研究主題，研究目標，研究仮説について，各学年で考え，全教職員で練り合い，研究の方向づけについて具体的な姿で共通理解をする。

(2) 全学級担任が行う授業実践

本校は，道徳の時間と各教科等の学習をひとまとまりにして関連をもたせて指導する実践を「道徳教育単元的学習」と呼ぶことにしている。

平成18，19，20年度と道徳教育研究指定校として，この「道徳教育単元的学習」を各学年で計画し，全教育活動を通して行う道徳教育について考えた。そして，道徳教育推進部と各学年主任が集まり，目指す子ども像育成のために，全学級担任が授業公開することを決め，授業実践を行った。

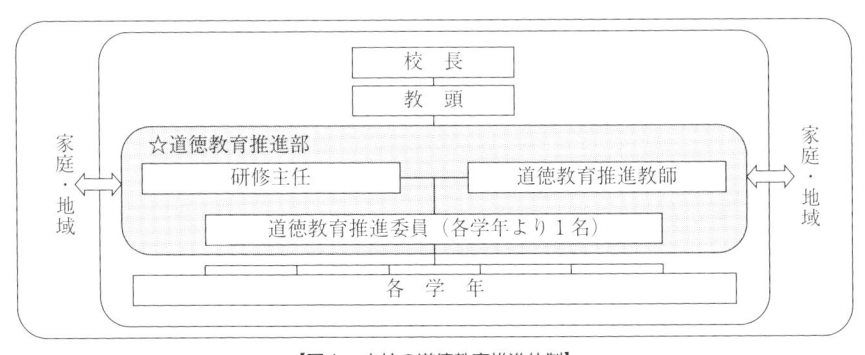

【図1 本校の道徳教育推進体制】

取 組 の 実 際

1 研修部と連携を密にした道徳教育推進委員会

　本校の道徳教育推進体制図にあるとおり，校内研修主任も道徳教育推進部に所属している。これにより学校全体で道徳教育に取り組んでいくことができる体制ができあがった。次に，体制全体を機能させるためにそれぞれの役割を明確にした。各担当の役割は以下のとおりである。

(1) 研修主任の果たす役割

> ① 研究計画の素案・原案の作成と研究にかかわる経理
> ② 各学年の助言者・司会者・記録者との連絡調整，派遣依頼作成
> ③ 校内研修会での総合司会
> ④ 研修だより作成（校内研修で決まった内容や研修計画等にかかわること）
> ⑤ 研究発表会の日程作成及び研究紀要作成

(2) 道徳教育推進教師の果たす役割

> ① 研究主題，研究目標，研究仮説の素案や原案の作成
> ② 「道徳教育単元的学習」指導案の様式の作成と授業実践後の児童，教師の評価シート作成
> ③ 道徳教育全体計画の作成と道徳の時間の年間指導計画の様式の作成
> ④ 道徳教育推進部の打合せ（日程調整・進行）
> ⑤ 校内研修会での道徳の内容についての司会や説明
> ⑥ 児童の道徳性にかかわる実態調査の原案作成と集計
> ⑦ 道徳だよりの作成（校内研修で決まった内容や道徳の授業にかかわること）

(3) 6名からなる道徳教育推進委員の果たす役割

> ① 研究主題，研究目標，研究仮説の検討
> ② 「道徳教育単元的学習」指導案の様式についての検討と，授業実践後の成果と課題についての話し合い，次年度への方向づけ
> ③ 道徳の時間の年間指導計画の様式についての検討と作成
> 　⇒その後，各学年で話し合い、出された意見を道徳教育推進部で再検討
> ④ 児童の道徳性にかかわる実態調査と結果の集計

研修主任と道徳教育推進教師は，全体のコーディネーターとなる。したがって，素案や原案を作成するときは２人で議論し，調整してから，話し合いにかけるようにした。また，研究主題や研究目標，研究仮説を作成するときは，道徳教育推進委員会で集まり，何度も練り合い改善した。そして，練り合ったものを各学年で話し合い，校内研修のときに共通理解できる表現にした。ボトムアップの形で作成したため，研究の方向性をはっきりさせることができ，一人ひとりの教職員も意欲的に道徳教育へ取り組むことができた。

　これらの役割を遂行するに当たっては，必ず校長や教頭より指導を受けるようにした。

２　全教育活動と「要となる道徳の時間」の在り方を追求する授業研究

　道徳教育は，全教育活動の中で行わなければならない。しかし，今までこのことを意識してはいたものの，どれも断片的に終わってしまい，子どもの変容についても具体的に捉えて指導することはむずかしかった。

　そこで，研修主任と道徳教育推進教師は，全教育活動における道徳教育の指導と「要となる道徳の時間」について，学校全体で計画的に取り組めば，子どもたち自身が道徳的価値の自覚を深め「実践化・行動化」へとつなぐことができるのではないかと考え，まずは道徳教育推進部で，次に全体の場で協議を重ねた。

(1)　**全校で研究の方向を固める**

　全体の場で出された意見をもとに，研修主任と道徳教育推進教師が校長や教頭から指導を受けながら研究主題・研究目標・研究仮説の原案を作成した。そして，道徳教育推進部で協議をし，再度全体の場で提案，協議してできたものが以下である。研究の方向づけまでは時間がかかったが，全教師が主体的にかかわったので，共通理解を図ることができた。

①　研究主題

> 「夢や希望をもち主体的に生きる子ども」を育てる道徳教育の創造
> 　　～全教育活動と「要となる道徳の時間」の在り方～

② 研究目標

> 「夢や希望をもち主体的に生きる子ども」を育てるために，全教育活動と道徳の時間における指導の手立てを工夫し，よりよい生き方を考えようとする態度を養うことが有効であることを，実践を通して明らかにする。

このようにして整理された本校の基本型を図示すると，次のようになる。

(2) 本校の研究を特色化する

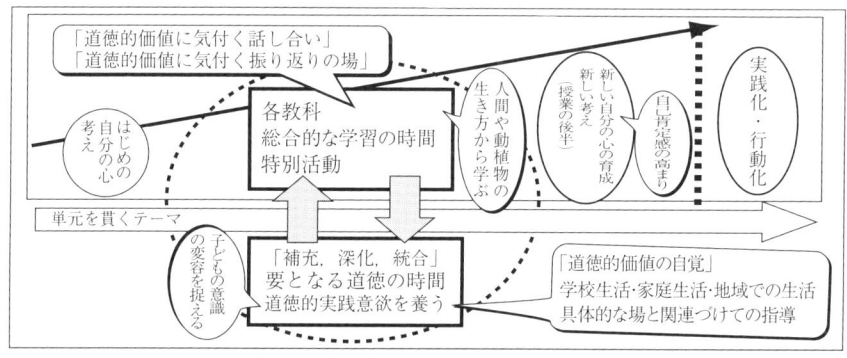

【図２　道徳教育及び全教育活動の基本型】

次に，本校の研究の特色について，研修主任と道徳教育推進教師が，全教師による協議を経て整理していった。それは，およそ次の４点に整理される。

① 特色１…全体を貫く共通テーマを設定する

> 子どもを育てるための「全体を貫く共通テーマ」を設定し，それらを達成するために，各教科や総合的な学習の時間，特別活動等の，それぞれのねらいを明確にした単元を構成する。

このように有機的に関連づけることにより，今まで断片的に考えがちだった子どもたちも，具体的な形で道徳的価値に自ら進んで気がつくことができるのではないかと考えた。

② 特色２…自分の生き方を振り返る場面を設定する

> 各教科や総合的な学習の時間，特別活動における道徳教育の指導の仕方を考える。それぞれのねらいを達成しつつ，「自分の生き方を振り返る」（道徳的価値に

気付く）場面を必ず設定する。

　本校では，一連の指導の流れの中で道徳教育と関連の深い時間では，特に，子どもたち自らが道徳的価値に気付くようにした。（資料１参照）

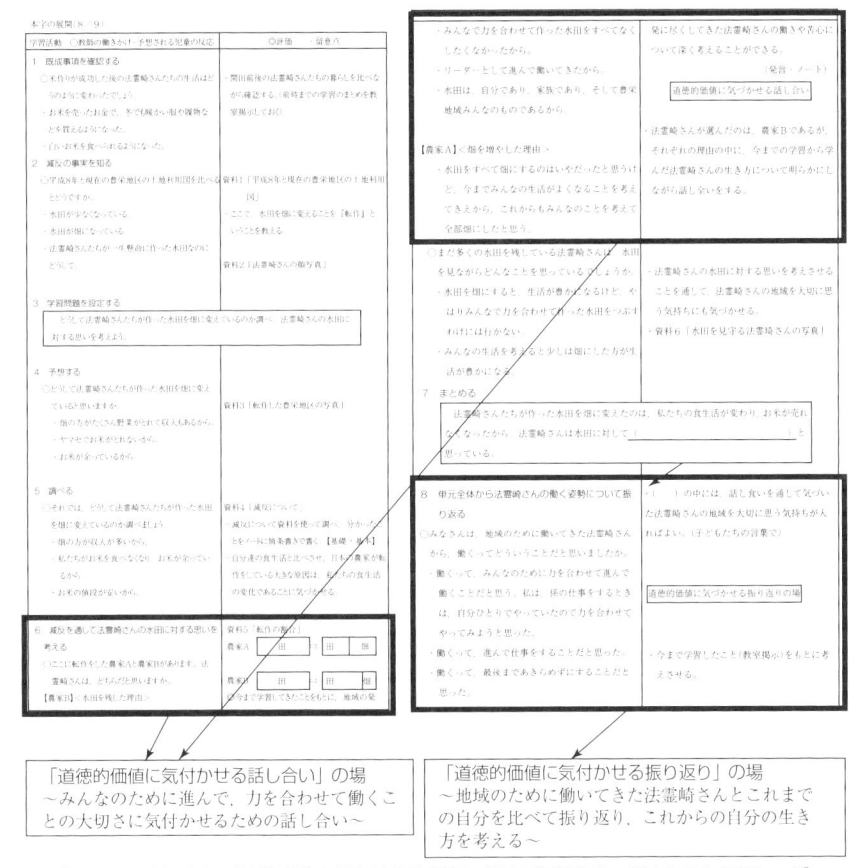

【資料１　道徳教育の指導例（第４学年社会科学習における道徳教育～郷土に伝わる願い～）】

③　特色３…全教師で感想文分析に取り組む

　子どもたちの意識の変容を捉え，次の指導へ活かす「感想文分析」に取り組む。

　本校では，授業後の子どもたちの「感想文」を分析して，子どもの情意面（関心・意欲・態度）を把握しようと考えた。道徳教育推進教師は，感想文分析

の方法や次の指導への生かし方についての自らの実践事例を校内研修の時間に説明し，全教師の共通理解を図った。
④ 特色4…要となる道徳の時間の指導そのものの工夫をする

> 道徳的実践意欲をねらいとした，要となる道徳の時間の指導を工夫する。

　本校で道徳的実践意欲に焦点を置いたのは，「自ら進んで，道徳的に価値のある行動をしよう」とする意識が弱いという児童の実態が各学年から出されたからである。そのため，主体的に道徳的価値を自覚する指導（自分を振り返る）を充実させることにより，道徳的実践力が養われ，実践化・行動化へとつながるのではないかと考えた。この考えを実践につなげるために，道徳教育推進部で，深めた価値と自分をつなぐ工夫に重点を置いて指導していくことが効果的であることを話し合った。そして，各学年でその具体的手立てを考え授業実践することとなった。

(3) 児童の変化や変容を捉えて活かす

　本校では，このような実践の成果を継続的に活かすために，道徳教育推進委員が中心となって，児童の変容を捉えるようにした。

　右のグラフのように，全校児童による自己評価と教員による児童の生活分析を実施した。そして，分析結果を全体の場で説明し，全教師で授業実践の成果と課題を話し合った。

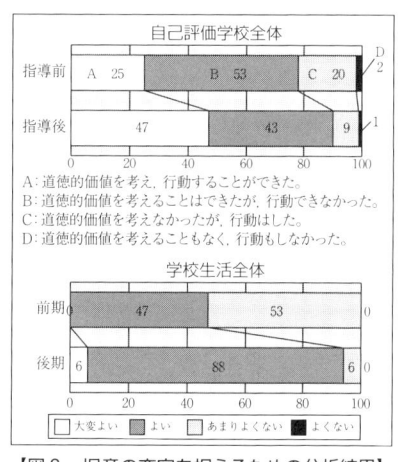

【図3　児童の変容を捉えるための分析結果】

3　日常の道徳の授業について，情報交換をする道徳教育推進教師

　本校の道徳教育推進教師は，日常の授業の充実のために，主に次の3つの活動を進めている。

(1) 道徳だよりの発行

　道徳教育推進委員会や校内研修で話された内容についてまとめ，全教職員に配布し共通理解を図った。また，日常の授業でどのようなことに取り組んでいけばよいのかについても掲載し，要となる道徳の時間に確実に取り組むようにお願いをした。

(2) 年間指導計画の見直し

　「要となる道徳の時間」に確実に取り組むために，年間指導計画を見直し，各学級にそれを掲示するようにした。そして，年度末に道徳教育推進委員で，各学年の取組状況について話し合いをもち，次年度へつなげていく。

(3) 道徳教育研究の継続

　平成21年度から，算数の研究指定校となり，今まで積み重ねてきた道徳教育研究にどう取り組むか，道徳教育推進委員会や各学年主任と検討した。その結果，1年間に3回実践してきた道徳教育単元的学習を年1回実施することとし，全校で取り組むようにしている。これも，目指す子ども像の育成を図る全教職員の強い願いがあったからだと思う。今後もぜひ，継続していきたい。

（おいらせ町立木ノ下小学校　増尾敏彦（道徳教育推進教師））

○ 悩み，喜び，四方山話 ○

　道徳教育推進教師は，リードオフマンである。

　リードオフマンを調べてみると，「先頭に立ってことを推し進める人」とある。本校の道徳教育推進教師はまさに，そのように呼ぶことができるように思う。今後の教育の動向を見定め，本校の実態把握を行い，道徳教育の方向性を示し，全教職員を導き，共に歩んでいる。学校の教育活動の自然な流れの中で，「要となる道徳の時間」との関連を図りながら全教育活動での道徳教育が推進されているのは，リードオフマンである道徳教育推進教師によるところが大である。

　また，研修主任との連携も絶妙で，研修計画への道徳教育の位置づけが明確になり，研修内容の充実も図られた。各学年から選出された道徳教育推進委員は理論と実践を結ぶ架け橋となった。本校の道徳教育の充実は，道徳教育推進教師を中心とした全教職員により，支えられているのである。　　　（校長　福寿邦彦）

取組の実際 小学校 3

全教育活動を通して，子どもが輝く道徳教育を推進する

埼玉県越谷市立城ノ上小学校

本校の注目ポイント

1. 道徳教育推進教師とともに取り組む全教師による協力体制の構築
2. 心に響く道徳授業の創造を目指した校内研修の充実
3. 全職員が協力して取り組む感動体験をともなった「全校道徳集会」

学校の様子

　本校は，首都東京から25キロ圏内のベッドタウンとして発展している越谷市の東部に位置し，平成19年4月に新設校として開校して4年目を迎える。児童数719名，学級数22学級である。
　地区内は，区画整理された住宅地と一部田園地帯で，市立図書館，体育館，野球場，能楽堂と日本庭園の「花田園」，久伊豆神社など，公共施設，文化施設が点在する。校舎は，ライトイエローに輝き，また，緑豊かな自然に親しめるようビオトープを含め教育環境が整備されている。校舎内は，オープン型の普通教室をはじめ，バリアフリーの施設や環境に配慮した設備など，時代の要請に応えた機能を兼ね備えている。

【陽光にはえる本校校舎】

こんな道徳教育を進めたい

　学校教育目標「よく考える子」「心豊かな子」「健康な子」の具現化を図るため，研究主題を「生きる力を培う活力ある児童の育成」とし，副題を「豊かな心とたくましい体の育成を図る指導の工夫」として体育・道徳を中心に開校

年度より研究を重ねている。平成21年10月には,「全国小学校道徳教育研究大会　埼玉大会」の会場校として全学級が道徳の授業を公開した。道徳のテーマを「自分を見つめ,よりよく生きようとする児童の育成」と設定し,目指す学年児童像（低：やさしい心をもって楽しく生活できる子,中：温かい心で豊かにかかわる子,高：よりよい自分を目指し共に伸びていく子）に近づくために,次の視点から道徳教育の充実を図ることが大切であると考えた。

> 道徳教育の充実を図る３つのアプローチ
> ○　自分自身を深く見つめる力を育てる。
> ○　よりよく生きようとする力を育てる。
> ○　様々な人やものと豊かにかかわる力を育てる。

みんなで取り組むために

　道徳教育を計画的に推進し,学校全体の取組となるように,全教師で校務分掌の各部の機能を考慮して役割を分担し,図１のような推進体制を組織した。例えば,道徳教育推進教師を中心とした推進チームをつくり,学校全体の教科等や生徒指導,体育指導等の各部門と連携を図った体制をとるなど,全教師が協力して道徳教育を展開している。

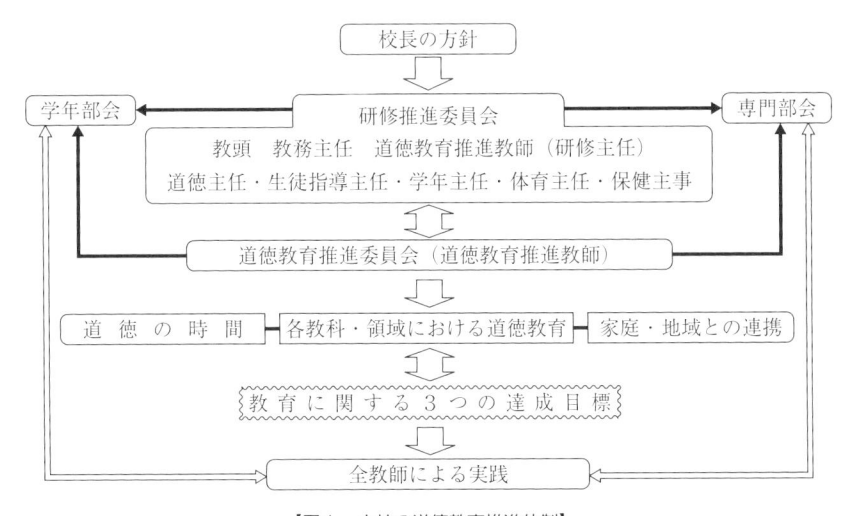

【図１　本校の道徳教育推進体制】

取 組 の 実 際

1 道徳教育推進教師とともに取り組む全教師による協力体制の構築

(1) 道徳教育の計画的な進め方

① 道徳教育推進教師が中心となって取り組む「心豊かな子」の育成

　児童の健全な育成のためには、他者、社会、自然、環境との豊かなかかわりの中で生きるという実感や達成感を子どもたち自身に深めさせる必要がある。そのためにも、学校教育目標の一つである「心豊かな子」の具現化を目指し、道徳教育推進教師が全体の舵取りをし、学年主任や道徳主任に助言して計画的に全教師の力が発揮できるような協力体制(図2)を整えた。

　このことにより、道徳教育上の目標を設定し、全教師が共通の目標に向かって方策を考え、実践－評価－修正するサイクルができた。

道徳教育推進教師が中心となって取り組む「心豊かな子」の育成					
重点目標	努力目標	道徳教育推進の実践事項	協力担当	実践の場
・相手の気持ちが考えられ、思いやりの気持ちが育つよう、児童同士、児童と教師などの人間関係を深め、礼儀を尊び、友情・信頼・責任と規範意識の育成を図る。	1．望ましい人間関係の醸成を核にした学年・学級経営の推進	①一人ひとりの「よさ」を生かす学年・学級経営を推進する ②支持的・受容的な集団の雰囲気づくりに努める ③相手の立場を考えて協力し合う活動を工夫する	学年主任 道徳主任 生徒指導・ 体育主任	・学校全般 ・学級経営 ・教科指導 ・体育の時間
	2．豊かな心をはぐくむ内面に根ざした教科横断的な道徳教育の実践	④教育活動全体を通じて「心の教育」を推進する ⑤体験活動の導入などにより、道徳の時間を充実させる ⑥奉仕活動などを通して道徳的実践力を育成する	学年主任 道徳主任 特活主任 福祉主任	・学校全般 ・教科指導 ・道徳の時間 ・総合の時間
	3．地域の人とかかわり、自然や地域教材を活用した豊かな体験活動の工夫	⑦地域の人たちとかかわる活動を積極的に導入する ⑧産業や自然、文化などの地域教材の開発・改善に努める ⑨学校の施設や設備・環境を活用した学習を工夫する	学年主任 道徳主任 生徒指導・ 環境主任	・学校全般 ・学級経営 ・教科指導 ・特別活動

【図2　全教師の力が発揮できる協力体制】

② 教育に関する3つの達成目標と生徒指導の充実

　全教育活動における道徳教育の推進・充実を図るためには、「教育に関する3つの達成目標」(埼玉県教育委員会重点施策)と生徒指導との関連を図る必要がある。規範意識が高く、子どもが安心して自分らしさを出すことができるよ

う「落ち着いた生活環境」と「温かい人間関係」をつくる必要がある。生徒指導部会では,「城ノ上小よい子の約束」を合い言葉に,道徳教育推進教師の助言を活かしながら,「教育に関する3つの達成目標(規範意識)」の向上に努めている(図4)。

【図3　城ノ上小よい子の約束】

【朝のあいさつ運動】

【図4　学校教育目標(教育に関する3つの達成目標)】

(2)　道徳教育推進教師としての役割

① 体験活動等と道徳の時間との関連を図った道徳の学習の展開

　道徳教育推進教師の助言により,全教師が協力しながら前述の「道徳教育の充実を図る3つのアプローチ」を目指し,豊かな体験活動と道徳の時間を計画的・発展的に関連づけた道徳の学習を積極的に取り入れ実践している。例えば,各教科等の特質に応じた道徳性の育成を取り上げ,そこで学んだ体験活動を活かした,感動を覚える資料の開発や言語活動の重視に努め,道徳の学習の展開を工夫した。

　◎4年生の道徳の時間に,「総合的な学習の時間」で車いす体験をした際にゲストティーチャーで指導していただいたAさんに来てもらった。交通事故に遭って車いす生活をしているAさんが,リハビリなどの訓練の厳し

やくじけそうになった体験をもとにつくったオリジナル資料「はじめの一歩，もう一歩」を教材に，Aさんのそのときの思いも聞きながら「自分らしく生きる」（勤勉・努力）ことの大切さについて考えた。

② 「心の日」の設定（毎月第3月曜日の業前時間，15分間）

「心の日」を道徳教育推進教師が中心となり，道徳主任と連携して，『心のノート』の活用や「道徳ノート」の作成など内容を計画し全校で実施している。

　◎子どもが，期待感をもって『心のノート』を開いたり，「道徳ノート」（本校オリジナル）をつくったりすることができるような出会いをつくった。

　◎よりよい自分，より好きな自分になるために大切な心を知るなど，自分の心を振り返り，自分の心を見つめる時間としている。

③　家庭・地域社会への授業公開

　道徳の時間は道徳教育の要であり，授業を家庭や地域社会に公開することは，学校における道徳教育の理解と協力を得る上できわめて大切である。両者の橋渡し役として，道徳教育推進教師が以下の取組を計画した。

【懇談会での意見交換会】

　◎通常の授業参観はもとより研究授業への参観及びゲストティーチャーとして保護者を招き，心に響く展開を演出した。

　◎学校公開日に全学級とも道徳の授業公開を実施し，その後の懇談会にて学級担任より道徳の授業と道徳教育について説明し，意見交換会を行った。

④　『親から子へ伝えたい「心のプレゼント」』の冊子作成

　家庭や地域が一体となって子どもたちの心の教育に当たれば，より子どもたちの心の成長が期待でき，豊かな人間性をはぐくむことができる。

　道徳教育推進教師がPTAと連携して，家庭教育での「しつけ」や「マナー」の教育など豊かな心の実践について募集し，冊子にまとめた。

　◎「我が家の当たり前は，①あいさつ　②早寝・早起き・いっぱい遊ぶ　③外から帰ったら手洗い・うがい　など」とそれぞれの実践例を紹介した。

> 　ママからあなたへ伝えたいこと‥‥‥たくさんたくさん考えたけれど，これだ！というものが見つかりませでした。「あいさつをきちんとする」「うそをつかない」「人に迷惑をかけない」「命や自然を大切にする」「思いやりの心をもって人に接する」　確かにそうなのですが，言葉にすると何だかママの言いたいことが表せない気がします。ママはいつも，ママの知っていること，ママが経験して良かったと思う全てを，あなたに伝えようと思っています。それは，あなたと手をつないで歩く散歩だったり，あなたと行く買い物だったり，あなたとくっついて寝る昼寝だったりするかもしれません。言葉にしなくても全てのことに含まれているような気がします。
> 　自分をいつも見ていてくれる人がいる。どんな時でも味方になってくれる人がいる。そう感じてくれたら，いつも落ち着いた心でいられると思います。そして，自然に人にもやさしくなれるし，あいさつもできるようになるし，ルールを守り人のいやがることはしない子になると思います。ママはそう信じて，毎晩あなたの寝顔をじいっと見ています。　　　　　　（2年　保護者）

【図5　『親から子へ伝えたい「心のプレゼント」』から】

2　心に響く道徳授業の創造を目指した校内研修の充実

(1)　校内研修の充実を目指した研修体制と指導体制

　道徳教育推進教師が中心となり道徳主任と連携をとりながら，下記の図6のような専門部会の研究組織をつくり，研修体制及び指導体制の充実を図った。道徳部は，道徳授業の工夫・改善を中心に，年度初めの研修を，オリエンテーション授業として位置づけ，指導者を要請し，資料分析，指導案検討と全教師で一つの授業をつくり上げた。さらに，道徳の時間の学習の進め方について，全教師で共通理解が図られるようコーディネートした。

　環境整理部は，資料の作成と保管等に分け，授業で使用した資料等が，必要なときに持ち運びができ，活用しやすいように図工の作品ケースに保管している。また，指導案をファイリング化し，すぐに授業に生かせるよう整備充実を図った。

```
[道徳部]　よりよい生き方を考える道徳授業の工夫
・資料分析の充実　　・体験活動と関連を図った指導の推進　　・オリエンテーション授業の実施
・指導者を要請しての研究授業（全学級で実施）　　　・指導過程や指導方法の工夫
・『心のノート』の効果的な活用　・学習の場や指導形態の開発と工夫　　・保護者との連携
[環境整理部]　環境の整理と資料の充実
・道徳コーナーの設定　　　　　　　・道徳資料室を設置し，資料の保管
・道徳掲示板の効果的な活用　　　　・場面絵やペープサートを学年別，価値項目別に整理
・指導案のファイリング化　　　　　・児童の実態把握と分析
```

【図6　専門部会の研究組織】

(2) 道徳の時間における教師の指導力の向上

　道徳の時間における教師の指導力向上を目指し，道徳教育推進教師が研究授業の構想段階から，積極的に授業者にかかわり，共に資料分析，指導案作成に携わり，また，授業にTTとして参加している。さらに，心に響く道徳の時間の在り方を追求し，道徳的価値の自覚を深める多様化した授業形態を，本校の教育環境を活かして実践している。

　　・オープンスペースの活用
　　・TTによる授業（管理職，推進教師）
　　・保護者の参加と参画
　　・ゲストティーチャーを招いた授業
　　・複数資料活用（郷土，オリジナル）
　　・資料選択の工夫等
　　・視聴覚機器を活用した授業

【道徳教育推進教師とのTTの授業】

3　全職員が協力して取り組む感動体験をともなった「全校道徳集会」

「ぼくは，一人でもがんばって練習するぞ。サーカスのスターになるんだ。」

　全校児童が心を一つにして，全校道徳集会『ぞうのオリバー』で心の表現活動を発表した。道徳の時間を要にして学んだ道徳的な価値を他人に伝えたいという思いを，道徳教育推進教師を中心に道徳主任，音楽主任，体育主任，特別活動主任でチームをつくり，シナリオの作成から演技・合唱・合奏・ダンス指導を全教師で役割分担して指導した。

　全校道徳集会は，道徳の時間に多様な資料で学んだ道徳的な価値を，1時間1時間がバラバラで孤立したものではなくひとまとまりのものとして考え，概念的だった道徳的価値がより実践的なものへと変わっていく筋道を追求した。

　児童は，ミュージカル風にアレンジした『ぞうのオリバー』から努力と勇気の大切さを学ぶとともに，保護者や地域の人にも見てもらう場を設定することで，発表する喜びの体験を味わった。

　みんなが力を合わせて取り組んだ『ぞうのオリバー』の概要は図7にまとめ

たとおりであった。

~あらすじ~
　サーカスに入るはずだった"ぞうのオリバー"はひょんなことから行き場をなくしてしまいます。動物園に行ったりしますが，うまくいきません。そんな中，子どもたちと出会い，勇気をもらい友情に支えられながらへこたれずに，サーカスのスターをめざします。

挿　入　歌
① 「ぞうさん」
② 「見上げてごらん夜の星を」
③ 「世界じゅうの子ども達が」
④ 「パワフルパワー」
⑤ 「ともだちはいいな」
⑥ 「あの青い空のように」
⑦ 「勇気100％」
⑧ 「出発の歌」
　　（『みんなの歌』光文書院より）

~ねらい~
○「低学年」1－(2)
　何事にもねばり強く取り組み，努力し続ける忍耐力をもち，より高い目標に向かって勇気をもって取り組む。
○「中学年」1－(2)
　自分でやろうと決めたことに対して，あきらめずに積極的に取り組むことの意義や今よりよくなりたいと努力する姿について考えを深める。
○「高学年」1－(2)
　目標を立て，くじけずに希望と勇気を持って取り組み，理想に向かって前進していこうとする強い意志や実行力を育てる。

◎これらの内容項目から「ぞうのオリバー」では，サーカスのスターになりたいオリバーがくじけずに練習して最後にサーカスの団員になれた姿に自己を重ねて客観的に見つめ，努力や勇気をもって進んでいくことの大切さを学ばせたい。

【図7　全校道徳集会『ぞうのオリバー』の概要】

●　悩み，喜び，四方山話　●

　豊かな心は，感動体験の中から生まれると思う。何気ない活動や学習・遊びの中に感動の要素がたくさんある。人との触れ合いの中で，生きものやものとの出会いの中で，また，（音楽的，体育的，社会体験的，芸術的）行事の中でも感動を導き出す感覚や感受性を培うことができる。感動体験は，「何事も一生懸命になってやる」ことから生まれると思う。一生懸命になることにより，苦労，我慢，忍耐，誠実，真心などを体験することができ，「おもしろい」「うれしい」「できた」「分かった」「やったあ」といった感動とともに自分をより望ましい方向に変容させてくれる。道徳の時間に育てた豊かな心が，このような子どもたちのがんばる姿に重なることを願っている。この感動体験をともなった道徳教育をコーディネートする道徳教育推進教師の活躍に期待し，エールを送りたい。

（越谷市立城ノ上小学校　佐藤良明（校長））

|取組の実際 小学校 4| # 小規模校のよさを活かし，道徳教育の充実を図る

東京都渋谷区立鳩森小学校

🌼 本校の注目ポイント 🌼

1. 小規模校での道徳教育推進教師の活躍とその成果
2. 道徳の授業力を高める授業研究の実際
3. 全校で広める道徳教育

(((学 校 の 様 子)))

　本校は，幹線道路が近くを通っているが，新宿御苑，明治神宮が近くにあり，緑に囲まれた閑静な住宅地の中にある。新宿御苑は，自然体験学習や理科の学習で行ったり，「一年生を迎える会」で利用したりしている。

　全校児童104名の少人数校だが，子どもたちは明るく活気に溢れており，家族的でアットホームな学校である。

【高層ビルを背景にした本校校舎】

学年の枠をこえた児童同士の"豊かな触れ合い"があり，教職員が全校児童の名前と顔を覚え"確かな児童理解"に努めている。また，どの子もよく分かり，主体的な学習ができるよう，個に応じた"きめ細かな指導"を行っている。

　花壇にはいつも季節の花が咲いているように，子どもたちの心や表情にも美しい花が咲いている。一人ひとりの活躍する場や機会が多く，人前で堂々と発表する姿がよく見られる。まるでギャラリーのように，学校全体に子どもたちの作品が大事に飾られ，まさしく，花と歌と絵のある学校である。

こんな道徳教育を進めたい

　鳩森小学校は，開校88年目を迎える歴史と伝統のある学校。このよき伝統を受け継ぎながら，一人ひとりに「生きる力」を育成し，心身ともに健康で心豊かな子どもを育てるために，私は校長として，学校経営の基本的視点を「確かな学力の定着」と「豊かな心の育成」に置き，〈育てます！　確かな学力と豊かな心〉をキャッチフレーズとして，本校の教育の充実を図っている。とりわけ，「道徳教育の推進」を学校経営の中核にすえ，中長期的展望に立って本校の教育を推進している。校内研究においても，平成21年度は道徳教育を取り上げ，「自分のよさに気付き，心豊かに生きる児童の育成～道徳教育を通して～」を研究主題として研究を進め，道徳の授業の充実を目指し，実践的研究を推進してきた。

みんなで取り組むために

　子どもたちが道徳の時間を楽しい，待ちきれないと思えるような，心に響く授業を創造し，実践していくことが大切である。このような授業を毎週積み重ねることによって，豊かな心がはぐくまれると考える。そのために，個々の教師の道徳の授業力を高めたい。そこで，道徳教育推進教師が研究主任を兼任し，全校が一体となった道徳教育推進体制をつくり，全ての教師がかかわるようにした。

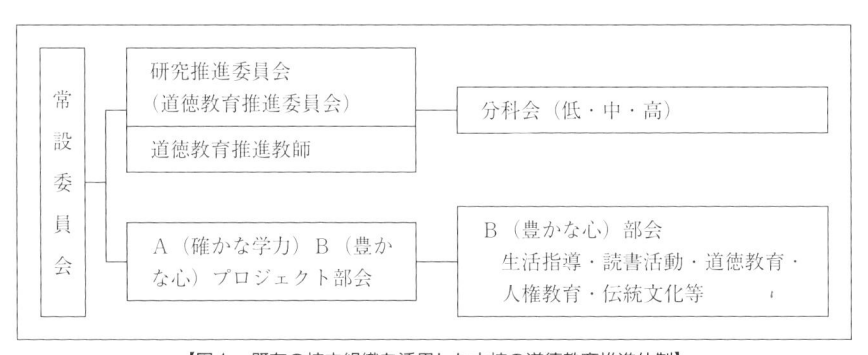

【図1　既存の校内組織を活用した本校の道徳教育推進体制】

取組の実際

1 小規模校での道徳教育推進教師の活躍とその成果

(1) 研究推進委員会が事実上の道徳教育推進委員会

本校は，管理職を除き，担任，専科教諭等，全員でも10名のスタッフである。平成21年度は，道徳教育に力を入れ，児童の心の育成，教師の指導力アップを目指している中，少人数で校務分掌を担うには，一人が何役もこなさねばならず，なかなかむずかしいことも多くあった。

今回の学習指導要領の改訂では，全教育活動で進める道徳教育を一層充実したものにするための重要な方策として，道徳教育推進教師を中心とした指導体制を確立させることが明示されている。

そこで，本校では，人数が少ない教師集団の中で，新たに部署を設け，推進リーダーを位置づけることは，実際上むずかしいと考えたので，既存の体制をうまく活用し，道徳教育推進教師を中心とした協力体制を構築することにした。それが，道徳教育推進教師（道徳主任）＝研究主任である。校内組織体制も研究推進委員会が事実上の道徳教育推進委員会として機能している。これによって，全ての教師が道徳の授業実践，道徳教育の推進にかかわり，参画の意識が高まってきている。

(2) 道徳教育推進教師の役割

本校の道徳教育推進教師は，もちろん道徳主任を兼ねているが，従来の道徳主任は，どちらかといえば，指導的な役割ではなく，全体計画や各学年の年間指導計画の作成にかかわる調整役や道徳についての情報提供，資料の整理等が主な仕事であった。

道徳教育推進教師の役割については，『小学校学習指導要領解説　道徳編』に，主に要としての道徳の時間の指導に関することと指導計画の作成や全教育活動における道徳教育に関することなどが8つ示されている。平成21年度は，道徳教育推進教師の位置づけの初年度であり，研究とあいまって道徳教育推進委員会のリーダーとしての役割もあるので，その仕事内容を明確にし，全教師

の参加と協力体制を整えるように努めた。
　以下の表で，本校における道徳教育推進教師の仕事内容を示し，実際の取組について紹介したい。

【道徳教育推進教師の仕事】

主な仕事	内容
○全体計画・年間指導計画の見直し，改善	・全体計画で示せるよう各教科等の指導内容と時期を整理 ・各学年の重点目標を明記
○年間を通しての取組計画の作成	・校内研究とあわせて研究授業の日程調整 ・事前授業，研究協議会の日程調整
○指導案作成の助言	・各分科会に入り，助言
○学校公開，道徳授業地区公開講座	・教務との日程調整，内容検討等
○授業時数確保	・年間35時間を確保するために，絶えず時数をチェック
○道徳的環境の工夫	・教室掲示を担任に指示 ・校内掲示を担当教諭に指示
○教材・教具，情報の保管，共有化	・道徳の時間に活用する教具等の整備，保管，共有化
○保護者，地域との連携	・保護者向けアンケート ・ホームページで道徳教育の実践をアピール ・道徳通信「はあとふる」の発行

(3)　道徳教育推進教師の活躍と成果
① 　指導案作成に関する助言
　若手教師が多い本校では，日常の道徳の時間の指導も含めて，研究授業の指導案づくりには，必ず研究主任，つまりは道徳教育推進教師が分科会にも参加し，助言等を行っている。どのような資料提示がよいのか，主な発問はどの部分かなど一緒に指導案をつくり，ねらいに迫るための指導法の工夫についても熱心に検討を重ねている。ときにはペープサートや場面絵などの見本をつくり，助言する姿も見られた。
　平成21年度は，全教師が道徳の授業(専科やTT教師，養護教諭は豊かな心にかかわる内容)を実践することになっており，職員室も道徳の資料や教材等，児童の実態や変容についての話題が自然と多くなり，活気ある光景がたくさん見

られた。本校は各学年が単学級であるため，同学年での事前授業はできないが，前後の学年で，同じ指導案による授業を行い，指導方法や学習過程，板書などについて検討し合い，よりよい指導を目指すようにしている。

　このようにみんなでかかわり合いながら進めることによって，一人ひとりの教師が道徳教育に対する意識を高めていくことにつながり，日々の実践にも自信をもち始めてきている。職員室の士気を高めることも道徳教育推進教師の大事な役目である。

② 道徳的環境の工夫

　各教室の道徳コーナーの掲示にアドバイスを与えたり，保護者等の目にとまりやすい場所に設置した「本校の道徳」の掲示を担当学年に出したりすることも道徳教育推進教師の仕事である。大切にしたい子どもたちの心の育ちを，少しでも目に見えるものにし，立ち止まったり，振り返ったりするときの助けになるような掲示の工夫を呼びかけている。学級経営にとっても貴重であり，日常の道徳教育に大きな成果を上げることができた。

【教室掲示「道徳コーナー」】
主題名や資料名，提示した絵や板書カードなど，扱った内容と授業の様子が簡単に分かるようにする。

【校内掲示「道徳の授業から」】
研究授業で取り上げた主題名や資料，メインの取組などを写真なども使って紹介し，保護者や外部の方にも分かるようにする。

③ 保護者，地域の人々との連携

　道徳授業地区公開講座をはじめ，全ての道徳授業を保護者や地域の人々に公開するための計画を立案すること，ゲストティーチャーと打ち合わせをして協力授業を創造すること，授業を参観しての感想や意見をいただき啓発を図ることなど，保護者や地域の人々との連携を深めて道徳教育の推進を図ることも道

第3章　道徳教育推進教師が活きる取組の実際

徳教育推進教師の仕事である。道徳通信「はあとふる」を見て、道徳の授業を参観に来る保護者も増えてきている。

【保護者・地域向け道徳通信『はあとふる』　日常の道徳授業や全校的な道徳的実践を紹介。】

2　道徳の授業力を高める授業研究の実際

　道徳の時間は、道徳教育の要である。1時間1時間の道徳の授業を一人ひとりの教師がしっかりと行うことが肝要である。道徳の授業を充実するためには、まず、教師一人ひとりが道徳の時間の授業力を高めるために、授業構想を立てることが大切である。それをもとに、指導方法を工夫したり、学習形態を考えたり、多様な学習活動を繰り広げたりして、1時間の授業を形づくっていくのである。本校では、道徳の時間に生かす指導方法の工夫として、ねらいや児童の実態、資料や学習過程に応じて、指導方法を選択、活用し、授業を構築するようにした。ここでも、資料提示、発問の精選、事前授業、教具作成等の話し合いにおいて道徳教育推進教師の姿がある。また、若手教員の授業の折には、ティーム・ティーチングで入り、T_2になったり、ゲストティーチャーなどに

なったりして助言をすることもあった。

> 1　主題名　やさしい気持ちで　（思いやり・親切）
> 2　資料名　『ぼくのはなさいたけど』（山崎陽子・作，金の星社）
> 3　ねらい　身近な人たちに温かい心で接し，相手のことを考えて親切にしようとする心情を育てる。
>
> ［手立ての指導方法］
> ○パネルシアターで資料を提示する。
> 　資料の内容を視覚的に捉え，資料をより身近なものに感じられるようにパネルシアターを活用した。
> 　資料提示は，道徳教育推進教師がTTで入り，登場人物の動きなどに，より臨場感が出るよう工夫した。
> 　パネルシアターを活用したこと，TTによる指導を生かしたことなどによって，物語への関心も高められ，ねらいに迫る考えがたくさん出された。

【図2　効果的な資料提示法を探った第1学年の授業研究　道徳教育推進教師がTTで指導。】

【道徳の授業風景】
道徳教育推進教師とともにパネルシアターで資料提示をする学級担任。

【授業で使う資料】
一枚絵やペープサート，子どもたちのメッセージカードなどの整理・保管も道徳教育推進教師の仕事だ。

3　全校で広める道徳教育

　本校の道徳教育推進教師は，全校的な視野に立っての道徳教育の充実を図るために，年度当初や学期初めに生活指導部，特別活動部，人権教育主任等と打合せを行い，次のような取組の計画を立て実践している。

あいさつレンジャーになろう

「㋬っきりと㋛ぶんから㋱を見てあいさつができれば，あなたもすぐに『あいさつレンジャー』になれます」を合い言葉に，年間を通じて，全校挙げてあいさつに力を入れて取り組んでいる。「はい」や「こんにちは」など誰でも簡単にできるあいさつを月や週の生活目標にしたり，児童代表委員の"あいさつ隊"が朝に校門に立って呼びかけたりするなど，あいさつが自然にできるよう様々な取組をしている。あいさつは，心と心をつなぐパスポート，心と心の交流の架け橋であり，豊かな心が育ってきている。

【〈あいさつレンジャー〉への呼びかけ掲示物】

人権の心を育てよう

本校では，6月を本校独自の人権月間としている。また，12月10日の「世界人権デー」を最終日とする一週間を人権週間として，人権教育の充実に努めている。道徳の授業はもちろんのこと，人権メッセージ発表会や人権標語づくり等を通して，「自分を大事にするのと同じくらい他の人も大事にする」，「自分がいやだなと思うことを他の人にもしない」ということを，発達の段階に応じて指導し，人権を尊重することの大切さを教えている。

【子どもたちのつくった人権標語】

◯ 悩み，喜び，四方山話 ◯

　いつもながら，道徳は奥が深いと痛感するが，うれしいことに本校の教員は明らかに成長してきている。職員室で，誰かが道徳の話をすればみんなが寄ってきて，「資料は何を使うの」「どんなふうに資料提示するの」「それならこんなアイディアがあるよ」と盛り上がる。道徳は，まずは教師がゆったりとした心をもち，楽しんで授業をつくることから始まる。そんな教師たちと悩み，励まし合いながら，さらに進んでいきたい。

（渋谷区立鳩森小学校　高橋妃彩子（校長））

| 取組の実際 小学校 5 | 「三つ葉のクローバー」を合い言葉に命を大切にする心をはぐくむ |

富山県氷見市立朝日丘小学校

🌱 本校の注目ポイント 🌱

1. 学校の教育活動全体で行う道徳教育
2. 道徳的価値を共有する校内環境
3. 家庭・地域との協力体制の充実

(((学 校 の 様 子)))

本校は、「寒ブリ」「氷見牛」などで有名な富山県氷見市の中心部にある。JR氷見駅から徒歩10分で、校区の多くは市街地である。

校歌の歌い出しに「はるか立山仰ぐ庭」とあるように、海を隔てた向こう側に立山連峰が見渡せる場所である。このような海越しに3,000m級の山々を眺めることができる場所は、世界でここだけではないかといわれている。

【氷見市から見る立山連峰(氷見市のHPより)】

地域の人々も保護者も学校に対して大変協力的であり、一体となって教育活動を進めている。

(((こんな道徳教育を進めたい)))

道徳教育は全教育活動で行うものであるということを、教師が常に意識できるようにしたい。そして、当たり前のことを当たり前に行う道徳教育を目指していきたい。

みんなで取り組むために

道徳教育推進教師が呼びかけて組織づくりを行い，全ての教師の協力体制と，教師と地域の人々との協力体制の二面を充実させることにした。

(1) 二つの部会構成

研究部会は，授業研究を行う際の「低・中・高学年部会」，その他の教育活動に向けての部会（「授業推進部会」「体験活動部会」「家庭・地域連携部会」）の2種類を設けた。必要に応じてそれらの部会を開くことで，効率よく活動することができる。

(2) 家庭・地域との協力

校区の各種団体長や主任児童委員，PTA役員，学校職員で構成される「道徳教育推進委員会」を年に2回開き，意見交換を行っている。また，地域には「あさひがおかボランティアセンター」という団体があり，様々な活動に協力していただいている。

(3) 全ての教師による研究授業

本校では，全ての教師が研究授業を行うことにしている。研究授業までの事前研修，授業後の話し合いを大切にし，授業力の向上を図っている。

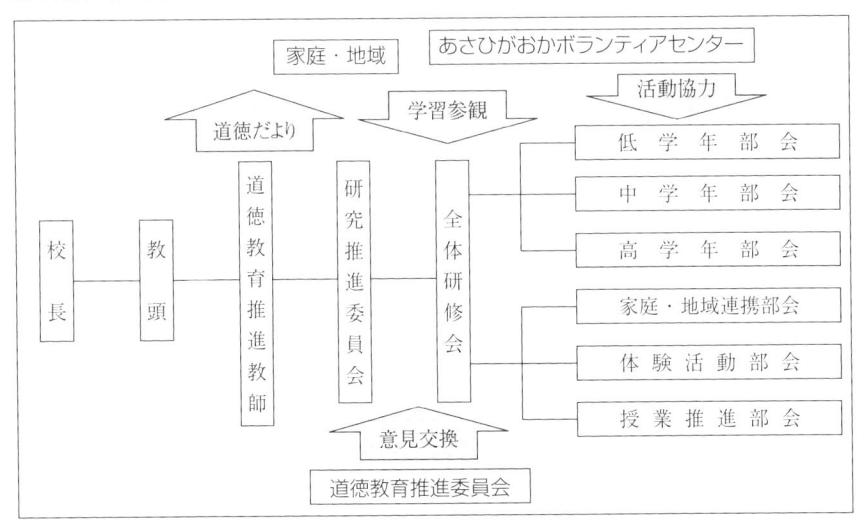

【図1　本校の道徳教育推進体制】

《《《 取 組 の 実 際 》》》

1 学校の教育活動全体で行う道徳教育

　学校教育全体で道徳教育を行うということは誰でも知っている。しかし，具体的にどうすればよいのかについてははっきりしていない。ここでは，毎日の教育活動をどのように道徳教育に位置づけたのかを中心に述べたい。

(1) 「当たり前のこと」を意識することができる「三つ葉のクローバー」

　道徳教育推進教師が最初にしなければならないことは，道徳教育推進の方向性を具体化することである。本校では，命を大切にする心をはぐくむ道徳教育を推進することになったので，まず「命を大切にする」とはどのようなことかを話し合った。生命尊重の内容項目だけではないと考えたからである。日本の子どもは，自尊感情が低いと聞く。また，人とのコミュニケーションをとることが苦手な子どもも多い。そのようなことから，「命を大切にする」とは，「①生命の尊さを実感すること」「②他者への思いやりをもつこと」「③夢や自信をもって生きること(自己肯定感)」の三つであると共通理解した。そしてこれら三つを「きらきら」「ほかほか」「いきいき」というキーワードで表すことにした。教師にも子どもたちにも分かりやすく，そして常に意識できるように，道徳教育推進教師が右のような研究構想図を作成し，各教室に掲示した。この三つ葉のクローバーには「命の教育は，四つ葉のクローバーのように，一生懸命探さなくてもどこにでもある。大切なのは，それを意識するかどうかだ」という意味を込めた。「命の教育」は特別なものではない。日々の営みの中に，「命」を感じたり考えたりする場面が多く存在している。教師が様々な教育活動の中

【命の大切さを意識させる「三つ葉のクローバー」】

で「命」を意識し，子どもたちと感動を共有しながら実践に取り組んでいくことが大切だと考えたのである。

(2) 道徳の時間のねらいを明確にした「内容項目の発展系列表」

　道徳教育推進教師が次に行ったことは，授業のねらいを明確にすることである。例えば，研究授業を行ったときに，どの学年であっても同じようなねらいになってしまうことがあったからだ。そこで，道徳教育推進教師が学習指導要領の言葉を抜き出して内容項目の発展系列表をつくることを提案した。例えば「いきいき」では，「(低学年)自分がやらなければならない仕事は…」「(中学年)自分でやろうと決めたことは…」「(高学年)より高い目標を立て…」と，系統性が見えてくる。この表をもとに授業のねらいを意識して全教職員が互いに見合う授業を行うことで，道徳的価値に迫ることができるようになってきた。

【図２　内容項目の発展系列表】

(3) 喜びを感じる体験活動の充実

　様々な体験活動を教育活動に位置づけ，道徳の時間に振り返ることで，道徳的実践力の育成につながる。道徳教育推進教師が，児童集会や各学年で行う体験活動を道徳の時間と関連づけることを呼びかけ，計画的に道徳の時間を設定するようにした。体験活動を行う際には，「触れ合う喜び」「役に立つ喜び」「育てる喜び」を味わえるように配慮することを共通理解した。「触れ合う喜びを味わう活動」として高齢者，保育園児，障がいのある人，地域の人々など，

様々な人と触れ合った。「役に立つ喜びを味わう活動」として全校児童によるクリーン作戦など，様々なボランティア活動を実施した。「育てる喜びを味わう活動」としてはハムスターやメダカを飼育したり，様々な植物を栽培したりした。こうして，道徳の時間とこれらの体験活動を関連づけることができた。

(4) 日常的に活用する『心のノート』

　道徳教育推進教師が，様々な実践例を紹介することにより，『心のノート』を道徳の時間だけではなく教科学習等においても積極的に活用しようと呼びかけた。例えば，5年生理科「人のたんじょう」の学習の終末において，『心のノート』の中の「いま生きているわたしを感じよう」を読み，「命」とはどのようなものかを話し合った。「大切な命」「みんな平等な命」「助け合っていきたい命」「支えられている命」などという言葉が発表された。これにより，かけがえのない「生命」があることを再認識することができた。

(5) 道徳の時間と他教科等の研究授業の同時実施

　道徳の時間と他教科等との関連を図りながら授業を行うことが大切である。関連を図る方法は，「他の教育活動を道徳の時間の話し合いに活かす」「道徳の時間での学習を他の教育活動に発展させる」「道徳の時間と関連させたい学習を同時期に進める」などである。道徳教育推進教師は，この関連性を検証するために，道徳の時間と他教科等の研究授業を同時に行うことを提案した。

　研究授業の同時実施という試みは，誰も経験がなく，指導案の書き方から授業の進め方まで試行錯誤で進めることになった。指導案は，初めに道徳教育推進教師が例を示したが，研究授業のたびに改良を加えていき，より分かりやすいものに変えていった。また，それぞれの教科のねらいを明確に進めながらも，道徳との関連を意識できるように授業展開を工夫した。このように事前研修を積み重ね，各学年で次のような研究授業を同時に行った。

　・4年生　道徳「不撓不屈・努力」と体育科「マット運動」
　・5年生　道徳「生命尊重」と理科「実や種子のできかた」
　・6年生　道徳「思いやり」と図画工作科「ほかほかポスター」

　研究授業を行うときには，一つ目の授業が始まって20分後にもう一つの授業

を始めるように時間設定をした。そのおかげで，前半と後半をじっくり参観したり，両方のクラスを行き来しながら参観したりすることができた。研究協議会では道徳教育推進教師が司会を務め，教科の特性を意識しつつ，道徳の時間との関連を中心に話を進めた。

道徳の時間と教科等の研究授業を同時に行うことで，関連性を実感し，全ての教育活動で道徳教育を行っていくことを再認識することができた。

2 道徳的価値を共有する校内環境

校内環境を充実することで，教師も子どもも道徳に浸ることができる。週に1回の道徳の時間を，そしてその他の体験活動を振り返ることができる環境を目指した。

(1) 「道徳コーナー」等の設置——毎時間の道徳の時間の歩みを短冊で掲示

週に1時間，道徳の授業を行うことは当たり前のことだが，むずかしいことでもある。道徳教育推進教師が「毎週やりましょう」と呼びかけるだけでは徹底しない。そこで各クラスごとに，「道徳コーナー」を設け，道徳の時間に学習したことを短冊で掲示していくことを提案した。

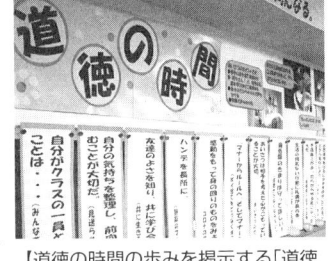

【道徳の時間の歩みを掲示する「道徳コーナー」】

さらに，毎週1時間行う道徳の時間の「質」を上げるため，研修室に「道徳関連書籍」「他校の研究紀要」「授業で使った紙芝居やさし絵」の保管場所を設置した。それらを自由に利用することで，授業者の負担を減らしながら，授業に変化をもたせて取り組むことができた。

また，各学年の「友だちのよいところを見つけて書き込むコーナー」「道徳の時間に使ったさし絵や吹き出しを掲示するコーナー」などを紹介し合い，それぞれの発達の段階に応じて工夫を行うよう呼びかけた。

(2) 「輝け！ いのち——音読集会」

命に対する感性を高め，命を大切にする心をはぐくむために，生命尊重（きらきら），思いやり（ほかほか），自己肯定感（いきいき）にかかわる詩の音読を朝

活動に位置づけた。また，その詩を子どもたちがよく目にするように廊下や階段に掲示し，意識の高揚に努めた。また，感性をさらに高めることを願って，集会で詩の内容についてコメントを添えながら発表したりそれを聞いて感想を述べ合ったりした。そうすることにより，命の大切さや生きることのすばらしさに対する感性が高まり，命について考える姿が見られるようになってきた。

3　家庭・地域との協力体制の充実

家庭・地域と連携して道徳教育を進めていくことが大切なことはいうまでもない。ここでは，その具体策について述べる。

(1)　道徳教育推進委員会による意見交換

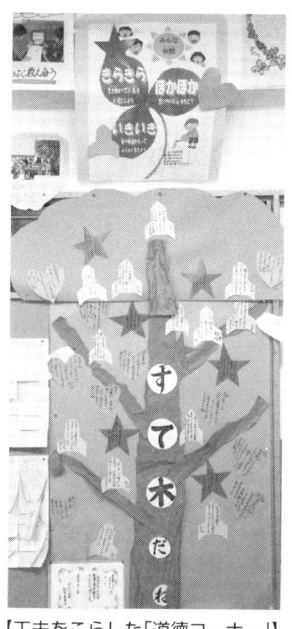

【工夫をこらした「道徳コーナー」】

道徳教育推進委員会は，学校と家庭・地域社会との連携を深め，一体となって児童の豊かな心をはぐくみ，明るく健全な地域づくりを推進することを目的とし，10年前から年に3回ずつ行われている。道徳教育推進教師は，学校で行われている道徳教育について地域の人々に説明し，ご意見をいただく。その内容を「道徳だより」に書き，校区の全世帯に配布している。これにより，地域の人々と共通理解のもと，子どもたちを育てていくことができた。

(2)　ゲストティーチャーとの協力授業

年度当初に担任の希望を聞き，ゲストティーチャーとして話を聞きたい人について他校や地域から情報を集めた。そして，臓器移植者水泳大会金メダリストや車いすバスケットボール選手をゲストティーチャーとして招くこととした。子どもたちは「目標をもって生きることの大切

【子どもたちと語り合うゲストティーチャー】

さ」「命を輝かせていきいきと生きるとはどういうことか」など多くのことを学ぶことができた。

(3) 「あさひがおかボランティアセンター」との協力

　道徳教育推進教師は，「あさひがおかボランティアセンター」と連絡を密にし，協力依頼を行った。そして学年ごとの「校区を歩き様々な問題点を見つける活動」「子どもたちと一緒に行う校区のごみ拾い」「児童館まつりにおけるチャレンジショップのボランティア」「校区の高齢者宅訪問」などの活動に協力していただいた。地域の人々と一緒に活動することで，経験に基づいたいろいろな話もうかがうことができた。

(4) 保護者との連携

　保護者と互いに情報交換しながら，同じ方向に向かって協力していくために，保護者や地域の人々に全校一斉に道徳の授業を公開し，道徳教育について考える機会を設けた。その際，道徳教育推進教師は学校で取り組んでいる道徳教育について資料を作成し，保護者に説明した。また，それぞれの学年では，おたよりや学級懇談会で，命の詩や子どもたちの日記，命の授業を紹介した。道徳の時間に使ったワークシートにコメントをいただいたこともあった。このように，道徳に関して家族で話し合う機会を設けることで，子どもたちに育てたいことがより明確になり，具体的な指導を行うことができた。

―― ● 悩み，喜び，四方山話 ● ――

　本校の合い言葉は，三つ葉のクローバーの「きらきら」「ほかほか」「いきいき」である。これにより，特別なことではなく，当たり前のことをしっかりやろうという考え方が，教師にも子どもにも浸透したように思う。この三つ葉のクローバーを思いついたきっかけは，ある学級の不安定な状況だった。当たり前のことができるようになってほしいという願いから，どこにでもある三つ葉のクローバーを研究構想図としてデザインした。

　その後，子どもたちは立派に成長し，卒業式では校長の「富山県最高の6年生だ」という言葉を胸に巣立っていった。

（氷見市立朝日丘小学校　坂田和彦（道徳教育推進教師））

取組の実際 小学校 6	授業を核として，12年間で「心を耕す」教育を推進する

静岡県浜松市立可美小学校

🦋 本校の注目ポイント 🦋

1. 道徳の授業を核としたカリキュラムの作成と道徳教育推進教師
2. 「聴いて，考えて，つなげる」授業を目指した授業研究
3. 幼・小・中12年間の心の育ちをつなげる道徳教育推進教師の役割

(((学 校 の 様 子)))

本校は，明治6年6月「敷知郡高塚学校」として創立され，大正3年に「美しかる可き里」の名前を校名にいただき，136年に及ぶ歴史を刻んでいる。

花桃の木が，「なかよしの庭」を真っ赤に美しく彩るころ，本校の1年間が始まる。その鮮やかな花の色は，可美が「桃の里」と呼ばれていた昔を伝えているようである。

【花桃が咲き乱れる中庭】

(((こんな道徳教育を進めたい)))

道徳教育は，「根っこ」を育てる教育だと捉えている。道徳の授業を行ったからといって，すぐに子どもは変わらないし，成果も期待できない。しかし，地道な道徳の授業を行っていくことは，目に見えない何かを子どもに与え続けることになる。そして，「根っこ」を育てていくことにより，やがては立派な大木を育てることにつながる。

このように押さえ，本校では，学校のカリキュラムに基づいて行われる計画

的・組織的・継続的な心の教育を道徳教育と捉えて取り組んでいる。

みんなで取り組むために

(1) 学び合う研修への取組

　本校では，教師全員が授業を公開し，それぞれの教師の授業の在り方や子どもの表れから自分や同僚の授業を振り返り学び合う研修に取り組んでいる。その授業予定や授業設計などについて，学年部や授業者と相談しコーディネートしていくのが道徳教育推進教師である。

(2) 学校教育の要としての道徳教育推進教師

　本校では，教務主任である主幹教諭が道徳教育推進教師になっている。これは，教育課程実施上も校内研修推進上も「要」として機能していくことをねらっているからである。この要を中心として，学級，学年，各分掌が，それぞれ一つの房を形成する葡萄(ぶどう)のように，学校としての同一性を保ちながらも，それぞれの独自性も失わないように取り組んでいる。

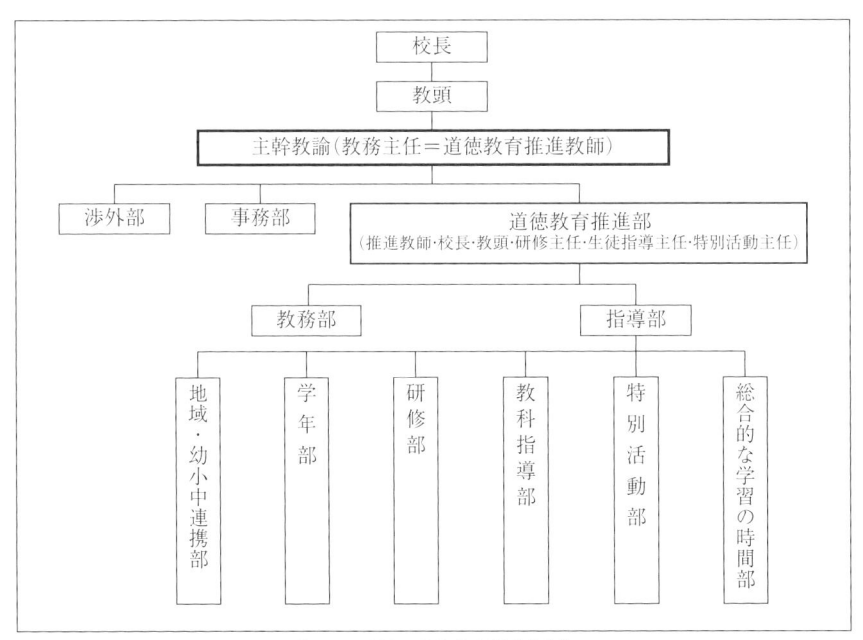

【図1　本校の道徳教育推進体制】

取組の実際

1 道徳の授業を核としたカリキュラムの作成と道徳教育推進教師

(1) 道徳の年間指導計画

　道徳教育の指導計画は，まず，学年ごとに各教科，総合的な学習の時間，特別活動などの年間指導計画を見通し，道徳の時間を中核にすえ，子どもの意識の流れが自然につながっていくよう，子どもの実態に合わせたものにした。さらにそれを，道徳教育推進部が，学年の発達の段階を押さえたり，縦のつながりを見たりしながら，学校全体として同一歩調になるよう見直しをした。

　そのときに留意したこととしては，主に次の２点が挙げられる。

　① 各教科等における道徳教育と関連を図ることができるような「指導のまとまり」にする
　② 計画的・発展的に指導できるような「指導のまとまり」にする

ということである。

　下の図２が道徳カリキュラムである。

平成21年度　第６学年道徳　年間指導計画

道徳の重点目標 (◎=学年重点目標)	「道徳の時間」の指導	○今までの自分のものの見方や考え方を振り返り，自己を見つめさせる。	高学年で目指す「聴いて考えてつないでいる」子どもの姿
・みんなとなかよくする子 ・友だちの良いところを見いだせる子 ◎相手の立場に立って考え，行動する子	「道徳の時間」の指導の重点	○魅力ある資料の開発や資料の効果的な活用に努める。 ○子ども一人一人を共感的に理解し生かし見守る方法を工夫する。 ○子どもたちの体験を生かし内面に根ざした道徳性の育成を図る。	○発想内容がかたくなく，記述等で表情もしぐさなどからも友だちの考えを読み取り，言葉に置き換え表している。 ○言いに聞かざるを得ないような学習の「場」の雰囲気を醸し出している。

※道徳の内容項目番号の１は「主として自分自身に関すること」，２は「主として他の人とのかかわりに関すること」，３は「主として自然や崇高なものとのかかわりに関すること」，４は「主として集団や社会とのかかわりに関すること」を表す。

＊特別活動のA-①は「学級や学校の生活づくり」，A-②は「日常の生活や学習への適応及び健康安全」，D-①は「儀式的行事」，D-②は「文化的行事」，D-③は「健康安全・体育的行事」，D-④は「遠足・集団宿泊的行事」，D-⑤は「勤労生産・奉仕的行事」を表す。

☆「日常生活」欄は，授業以外の日常的な生活場面（朝の始業式前・休憩時間・放課後の時間など児童が自由に行動できるもの，給食の時間・清掃の時間，朝や帰りの話し合いの時間など一定の行為が課せられているもの等が考えられる）で子どもの成長を支える体験・諸活動や「心のノート」の活用，学級掲示の工夫，保護者との連携等，より充実した道徳指導を目指した手立てや体験・活動等を示す。

【図２　第６学年の道徳の年間指導計画（一部）】

この年間指導計画は，いくつかの「まとまり」としてくくり，それぞれの〈テーマ〉と〈ねらい〉を年間を見通して分かるようにまとめた。さらに，学校における道徳教育の指導内容は，日常生活の中ではぐくまれ，活かされていくということを踏まえ，〈日常生活〉という欄を設けた。その内容は，道徳教育推進部が，教育活動全体を見通し，授業以外の日常的な生活場面（朝の始業前，休み時間，給食，朝や帰りの会など）で，子どもの成長を支える体験や諸活動，また，『心のノート』の活用，学級掲示の工夫，保護者や地域の連携などについてまとめるようにした。

(2) テーマの指導計画

　次に，年間指導計画に基づいてくくられたテーマごとに「テーマの指導計画」を作成した。ここには，実際に授業を行っていく上で押さえておかなくてはいけないことを，具体的にイメージできるように記載上の工夫をした。

第6学年道徳　テーマの指導計画

No.	テーマ	最上級生になって（自分を高める）						
I	ねらい	最上級生としての立場を理解し，みんなで協力して自分たちの学校をよりよくしようとする意欲を高める。						

時期		目指す学習指導要領の内容項目	他の教科・領域等との関連 [　]は特活の内容分類 (　)は「心のノート」の頁	主題名	授業のねらい	指導の要点		
月	週					資料名	出典	ねらいに迫るために（資料活用の仕方・主な発問・手だて・留意点など）
3	21	時と場をわきまえて，礼儀正しく真心をもって接する。	・始業式［特活D(1)］ ・学活「学級目標を決めよう」 ・避難訓練［特活D(3)］ (pp.36〜39)	心づかい	心のこもった礼儀を大切にし，時と場に応じて，礼儀にかなった生活をしようとする態度を養う。	約束の時刻	日文	お父さんが仕事である家を訪問したときに，約束の時刻まで待って訪問した話を聞いて思ったことを話し合うことで，約束の時刻を守ることは，礼儀として大切なことであり，それは相手の人格を尊重することであるということに気付かせる。
4						挨拶の力	教材開発	患者との心の距離を縮めたいと願う看護師の活動を知り，あいさつは形だけでなく，相手の気持ちを考えて心をこめて行うことが大切であることに気付かせる。
4	11	生活習慣の大切さを知り自分の生活を見直し，節度を守り節制に心がける。	(pp.10〜13)	生活を振り返って	常に自分の言動を振り返り，思慮深く，落ち着いて行動しようとする態度を養う。	わたしの時間	出文	おばあちゃんがよく子に言った言葉と自分自身の一日の過ごし方や時間の使い方を比べながら自分の生活を振り返ることで，節度ある生活をする心情を育てる。
						因果応報	教材開発	おとぎ話や古典などにこめられている教えを知ることにより，自分自身の生活を見つめ，節度を守って生活しようとする心情を育てる。

【図3　テーマの指導計画の概要（第6学年「最上級生になって」の例）】

　この中で，〈指導の要点〉欄は，子どもたちの実態を踏まえ〈ねらい〉に迫るために適切と思われる資料と，その活用の仕方，主な発問例や手立てなどを各学年で協議し，記載した。また，この欄は，子どもたちの実態により複数の資料が考えられるので，学級担任が，自分の学級の子どもの実態に応じて資料

を選択していけるようにしている。そのために，道徳教育推進部は，自作資料や紙芝居を用意したり，ゲストティーチャーの一覧を作成したり，複数の副読本を必要数そろえたりしている。

2 「聴いて，考えて，つなげる」授業を目指した授業研究

道徳教育は，道徳の授業だけではなく，教育活動全体を通して行われている。

本校では，道徳教育推進教師は，授業研究の企画や運営をも指導する立場にある。そこで，道徳教育推進部の道徳教育推進教師と研修主任とが，授業を通して，子どもが自ら考え自ら行動する力を身に付けさせていくための授業の在り方について検討していった。その中から，教室をコミュニティとして確立し，友だちの発表に対して，自分なりに反応し，反応を返すという「聴いて→考えて→つなげる」授業の在り方について取り組んだ。

「聴いて，考えて，つなげる」授業とは

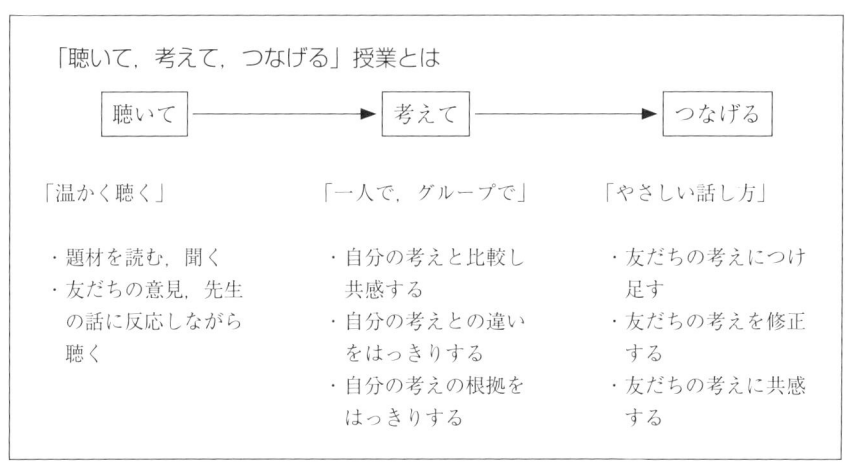

聴いて	→	考えて	→	つなげる
「温かく聴く」		「一人で，グループで」		「やさしい話し方」
・題材を読む，聞く ・友だちの意見，先生の話に反応しながら聴く		・自分の考えと比較し共感する ・自分の考えとの違いをはっきりする ・自分の考えの根拠をはっきりする		・友だちの考えにつけ足す ・友だちの考えを修正する ・友だちの考えに共感する

【図4 「聴いて，考えて，つなげる」授業における子どもの表れ】

(1) 「聴く」とは

まず，「聴く」とは先生の話や友だちの発言を「何を言っているのか理解する」だけではなく，友だちの表情やしぐさからも，自分の考えと比較しながら聴いたり，内容を推し量ったりすることである。「分からない」「困った」「まちがえた」などという，自分の立場や考えをはっきりさせるのである。

⑵ 「考える」とは

　次は，自分の捉えと友だちの捉えとの関連性について「考える」ことである。自分と同じ考えなのか，違うのか，じっくりと自分の考えをつくり上げていくのである。ときには，「同じ考えの友だち」「違う考えの友だち」「困っている友だち」などと30秒ぐらい，絵や図を描きながら相談することにより，より自分の考えを深めていくのである。そして，「もう一度言ってみて」「今言ったことは，こういうことですか」などと，分からないときは問い直したりする。

⑶ 「つなげる」とは

　そして，何を「つなげる」のかについては教材と子どもであったり，子どもと友だちや教師であったり，あるいは，子どもの内面にある「今までの自分」と「今の自分」であったりする。そして，気付いたこと，考えたことを具体的に表現させるのである。

　このように，「温かい聴き方」「やさしい話し方」を身に付けることは，「自他を大切にする」ことであり，道徳教育がねらっている「自立心や自律性」「生命に対す畏敬の念」を育てていくことにほかならない。この意味からも，「聴いて，考えて，つなげる」授業は，道徳教育そのものであると考えている。

3　幼・小・中12年間の心の育ちをつなげる道徳教育推進教師の役割

⑴　道徳教育の推進者としての役割

　本校では，道徳教育推進教師の校内での役割として，教育活動全体を掌握しながら，全教職員に対し，道徳教育の円滑な推進と充実のために働きかけを行うことと捉えている。

　その働きとして，次の2点を押さえた。

①　道徳の時間を核として，教育活動全体を通して行われる「心を耕す」ための取組が効果的に行われるように，それぞれの担当者との連絡調整や指導・支援などを行う。

②　道徳教育推進部の企画・運営を行い，「心を耕す」ための情報を収集し，保護者や地域の人々に提供する。

(2) 幼・小・中の連携者としての役割

　道徳教育は，学校が家庭や地域と連携し，子どもの発達の段階に応じて適切な指導を積み上げてこそ，大きな力を発揮する。そこで，小学校と中学校の道徳教育推進教師を中心として，幼稚園や中学校も巻き込んで，12年間の心の育ちにつなげる道徳教育の推進に取り組んだ。

幼・小・中12年間を見通した，子どもの発達の段階に応じた道徳教育の推進

- 約束やきまりを守り，社会のルールやマナーを大切にする
- いのちあるすべてのものをかけがえのないものとして尊重する
- 夢や希望の実現のために，粘り強く取り組む
- 家庭や地域社会の一員として，積極的に人・もの・ことにかかわる

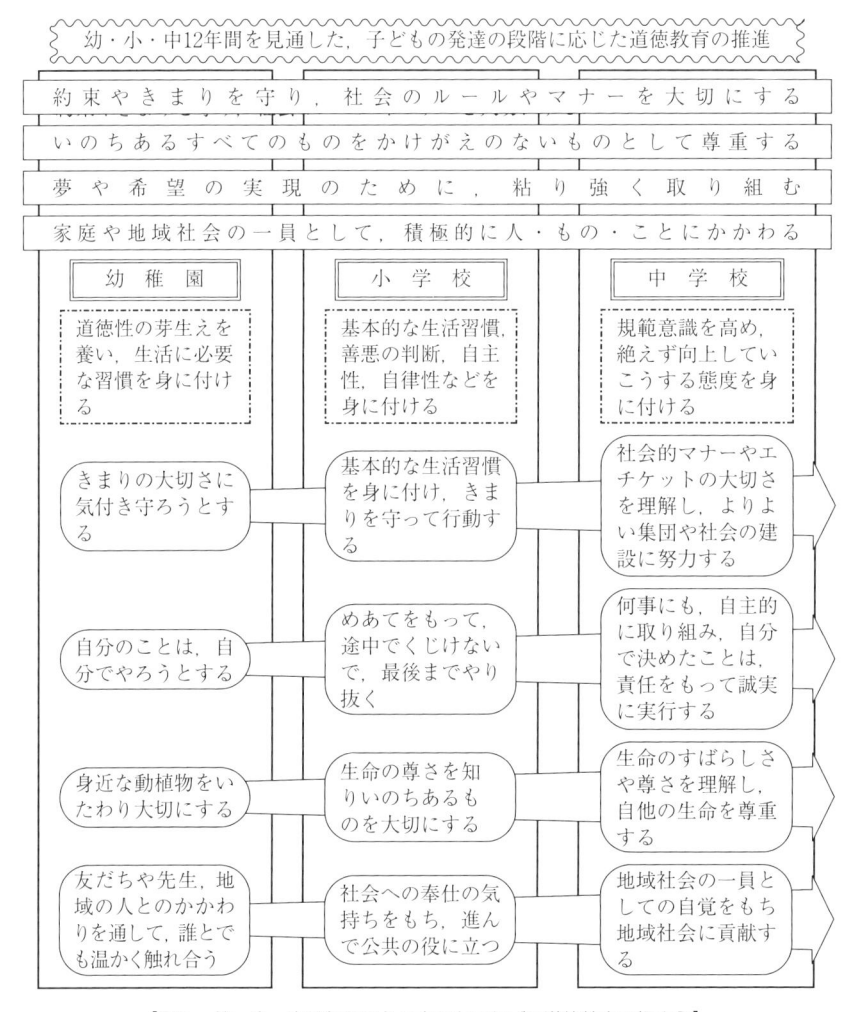

幼稚園	小学校	中学校
道徳性の芽生えを養い，生活に必要な習慣を身に付ける	基本的な生活習慣，善悪の判断，自主性，自律性などを身に付ける	規範意識を高め，絶えず向上していこうする態度を身に付ける
きまりの大切さに気付き守ろうとする	基本的な生活習慣を身に付け，きまりを守って行動する	社会的マナーやエチケットの大切さを理解し，よりよい集団や社会の建設に努力する
自分のことは，自分でやろうとする	めあてをもって，途中でくじけないで，最後までやり抜く	何事にも，自主的に取り組み，自分で決めたことは，責任をもって誠実に実行する
身近な動植物をいたわり大切にする	生命の尊さを知りいのちあるものを大切にする	生命のすばらしさや尊さを理解し，自他の生命を尊重する
友だちや先生，地域の人とのかかわりを通して，誰とでも温かく触れ合う	社会への奉仕の気持ちをもち，進んで公共の役に立つ	地域社会の一員としての自覚をもち地域社会に貢献する

【図5　幼・小・中12年間の心の育ちをつなげる道徳教育の押さえ】

12年間を通した道徳教育の重点として、次の4点を共通理解した。
① 人間としてもつべき最低限の規範意識を養う
② 自他の生命をかけがえのないものとして尊重する
③ 自尊感情や他者への思いやりなどの道徳性を養う
④ 地域社会の一員として、社会とのかかわりを踏まえ人間としての生き方を見つめる

これらのことを押さえ、幼稚園では「道徳性の芽生えを養う」こと、小学校では「基本的な生活習慣を身に付ける」こと、中学校では「規範意識を高める」ことを重点的なねらいとして、具体的な指導についてまとめた。

12年間を見通すことで、小学校の中だけで「心の育ち」を見守るのではなく、幼稚園、小学校、中学校のそれぞれの発達の段階ごとに、具体的な内容を明確にしていくことができるようになった。

学校教育全体を見通した道徳教育の推進に向け、各学校行事の道徳教育上の位置づけや、各教科等における道徳教育の明確化などが必要になってくる。したがって、道徳教育推進教師には学校の要としての役割が一層期待されてくるのである。

── ● 悩み，喜び，四方山話 ● ──

　学力低下が叫ばれ、「学力向上」に教師も保護者も強い関心をもっている。しかし、「確かな学力」を支えているのは「豊かな心」である。今の子どもたちは、「気力」「体力」が「知力」を支え切れていない。本校では、心の基盤をつくってこその学力であると信じて、このことを合い言葉にして、道徳教育推進教師を中心に、全教職員で道徳教育を推進している。
　本校校長は、何事にも前に出て動きたくなるタイプであるが、今回はじっと我慢している。まさに「道徳教育推進教師が学校を変える」と信じて…。

（浜松市立可美小学校　池谷智晴（道徳教育推進教師））

| 取組の実際 |
| 小学校 7 |

地域との連携を活かして，道徳授業力向上を図る

愛知県みよし市立三吉小学校

本校の注目ポイント

1. 全員参加の道徳教育組織づくり
2. 道徳の授業力向上のための方策
3. 授業公開やモラル委員会など家庭や地域社会との連携

学校の様子

　本校は，みよし市の南に位置し，周囲を果樹園や田園など自然に囲まれた緑豊かな環境の中にある全校児童380名ほどの中規模校である。校訓にある「かしこく　心ゆたかに　たくましい子」の育成を目指し，保護者や地域の方々の協力を得て，様々な教育活動を推進している。

【盛り上がる相撲大会】

学校田の餅米づくりやその収穫を祝う学校祭での餅つきをはじめ，校庭の周りに植えられた120本もあるマテバシイの木の実を用いた煎餅づくりや，25年以上も続いている相撲大会は，郷土に根ざした体験学習として長年にわたって継続している。これらの教育活動には，保護者だけでなく，地域の方々も講師やボランティアとして参加いただいている。平成21年度には，創立30周年を迎え，卒業生である保護者を中心として記念誌を製作したり，記念式典の準備をしたりしてきた。式典当日は，初代校長や校歌の作曲者が来校し温かい式となった。このように，本校は，常に家庭や地域に支えられ，共に歩み，成長している学校である。

こんな道徳教育を進めたい

　心に響く道徳の授業でありたい，体験と関連づけたい，地域・家庭と一緒に道徳教育を推進したい。本校はこんな思いで実践を進めている。

　実際の授業では，「考え合う」場面を設定し，子どもたちが互いの考えを出し合い聞き合う中で，自らを振り返らせ，道徳の価値の自覚を深めたいと思っている。また，道徳的実践力を高めるためには，学校だけでなく家庭や地域との連携も欠かせない。地域講師を活用したり，地域の方々と積極的に交流したりするなど，共に道徳教育を推進していくための体制づくりが必要になってくる。これらのことに全校体制で取り組むとともに，教師の指導力を向上させることが何より大切だと考える。

みんなで取り組むために

　私たちが道徳の授業内容を考えるとき，一人のアイディアでは行きづまってしまうことがある。そんなときに気楽に相談できる教師集団の存在は大きい。本校は各学年2学級である。十分に授業内容を練り上げるため，学年をこえた低，中，高学年部での話し合いを多くもつことがより効果的であると考えた。道徳教育推進教師は，校長をはじめ，教頭，教務主任からアドバイスをもらえる環境をつくり，全教師でよりよい授業づくりを目指している。さらに，提案するだけでなく，全教師が一体となり協力して道徳教育が推進できるよう組織づくりも行った。

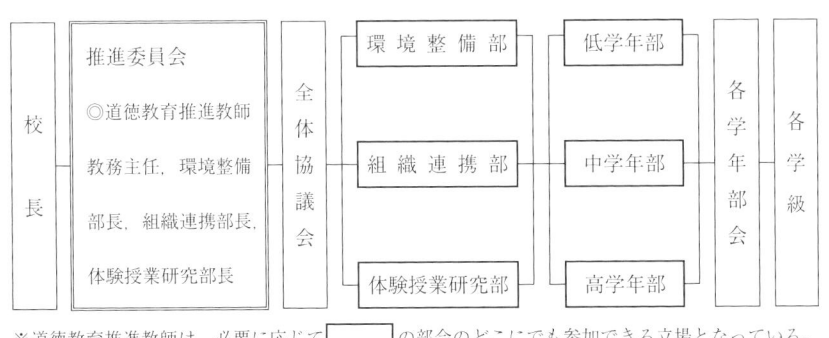

※道徳教育推進教師は，必要に応じて□□□の部会のどこにでも参加できる立場となっている。

【図1　本校の道徳教育推進体制】

取組の実際

　道徳教育推進教師の役割として大切なことは，教師一人ひとりがもっている力のベクトルの方向をそろえて一つの目標に向けること，そしてもう一つは，力のベクトルの長さを長くすること，つまり，道徳教育の指導力を向上させることにあると考える。そのためには，組織づくりの工夫や実践するための方向性を示すことが必要になる。実際に取り組んできたことを以下に示す。

1　全員参加の道徳教育組織づくり

(1) 指導の方向性をそろえるために

　学校における道徳教育は，全ての教育活動が関連し合って進められなければならない。道徳教育推進教師が全体を掌握しながら，全教師が共通理解をし，参画，分担，協力して道徳教育を推進するためには全体計画が必要である。本校では特に，家庭・地域社会との連携を重視して全体計画を作成している。全学級一斉に行う道徳の時間の授業公開や，後で述べるモラル委員会について示したり，保護者，地域の方々の参加・協力の内容の具体的な計画を記述したりしている。これをもとにして道徳の時間の年間指導計画を作成すれば，本校の特色や実態に即した道徳教育が展開できる。また，重点目標を明確にすることで，教師が同じ方向性で指導に当たることができる。さらに，組織として一貫性のある道徳教育を展開できると考える。しかし，公立の小学校では毎年転勤などによって教師の入れ替わりがあり，新たに転勤してきた教師に，それまでの道徳教育の在り方や指導法について理解してもらうまで時間がかかることがネックとなる。そこで，道徳教育推進教師は，年度の早い時期に道徳教育の全体計画の説明，昨年度までの取組の成果と課題，今年度の取組や重点目標などについての全体会を行い，共通理解を図っている。また，道徳教育の要である道徳の時間の研究授業を道徳教育推進教師自らが行い，本校の目指す道徳教育の方向性について理解を深めている。

【道徳の研究授業実践】

(2) 組織づくり

　道徳教育を進めるために核となる推進委員会は，教務主任，道徳教育推進教師と環境整備部，組織連携部，体験・授業研究部の代表（それが学年部の代表にもなっている）の計5名で構成されている。5人という集まりやすい人数で，定期的に話し合っているが，道徳教育だからと構えてしまうとなかなかよいアイディアは出てこない。そこで推進委員会は，お茶を飲みながら気楽に話し合っている。そんなときこそ，思いもよらぬよいひらめきに出会うことがある。本校では，そんな機会をできるだけ大切にしている。その後，道徳教育推進委員会で出された案を全体会で検討し，教師全員が所属している各部会で実践していくことになる。各部会では，道徳教育推進委員会に参加している代表を中心として話し合いを進めている。

　例えば，環境整備部では，校内の掲示物，標語やウェブサイトを使って地域や家庭にも学校での道徳教育に関する取組の情宣を行っている。組織連携部は，地域講師の活用方法やモラル委員会の計画・実施について話し合いを進め，準備を進めた。体験・授業研究部では，道徳の時間の資料提示や発問の工夫について研究を重ねてきた。道徳教育推進教師は，どの部会にも参加し，アイディアを出したり，一緒に作業したりするようにしている。また，どの教師も各部会での取組について周知し，子どもの指導に関することや道徳の掲示物について，各学級で実践しやすいように部会の様子を全体会で伝達するようにしている。

2　道徳の授業力向上のための方策

(1) 研究授業への取組と研究協議会

① 年度に一人1回の研究授業実践

　道徳教育推進教師から年度内に一人1回は研究授業を行うことについて，提案した。研究授業の日程は，道徳教育推進教師がとりまとめて調整を行い，できるだけ重ならず，より多くの教師が参観できるように計画した。また，授業に臨むに当たり，必ず学年で指導案の検討会を行い，よりよい授業づくりを心がけてきた。また，授業後の協議会にも視点をもって参加し，研修の場とした。

② 指導案の様式提示

指導案には，本校独自の「関連構想図」を入れている。「関連構想図」とは，道徳の時間を単独で行うのではなく，豊かな体験活動と関連させて行うことでより効果的になるという考えのもと，体験活動と道徳の時間を関連させた図である。子どもの意識のつながりを大切にし，他教科・領域などの豊

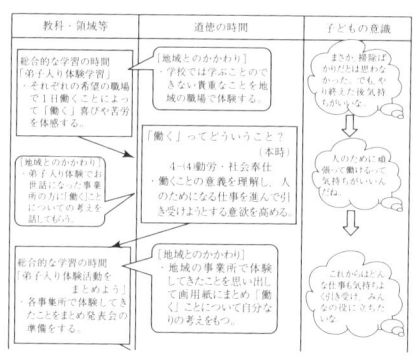

【図2　関連構想図の一部】

かな体験活動と道徳の時間がどのようにかかわり合っているのか一目で分かるように工夫した。また，家庭・地域社会との連携を意識するために地域とのかかわりについても記載している。

③　授業後の研究協議会への積極的な参加

授業後には，道徳教育推進教師も加わって必ず研究協議会を行っている。話し合われた内容について，翌日にプリントにまとめたものを全教師に配布し，参加できなかった教師にもよい点を学んでもらう機会をつくっている。これにより，授業を参観できなかった教師も気になることをピンポイントで授業者に質問することができ，今後の指導の参考になっている。

(2)　道徳教育の情報提供

道徳教育推進教師は積極的に先進校の視察や講演会に参加し，道徳教育として取り組まれていることの最新情報を職員に提供し，その中で参考になることを教育活動に取り入れるようにしている。それにより，本校で取り組んでいることの方向性が正しいことを確かめられ，自信をもって道徳教育を推進することができる。

(3)　道徳の時間を充実させるための環境づくり

授業実践でつくられた指導案や教材などは大切に保管しておき，次年度以降の参考になるようにしている。道徳資料室には，道徳に関する参考図書をそろえたり，低・中・高学年に分けて，学習指導要領の項目ごとに共有ファイル

をつくったりして，道徳の授業に活かせる資料を保管している。授業で使った読みもの資料やフラッシュカード，さし絵などを各項目の共有ファイルに保管することで，教師が資料を共有でき，道徳の授業づくりに役立てることができる。特に経験の浅い教師には，大いに参考になり，どの点に気をつけて指導すればよいかなどの反省も記されているので，よりよい実践へつながるきっかけとなっている。その際，道徳教

【道徳資料室の資料】

育推進教師は，授業実践の後に，できるだけ速やかに資料室へ提供してもらうように声をかけ，資料を充実させることに心がけた。

　廊下には，学級ごとに『道徳コーナー』を設け，道徳の時間で学んだ板書の写真やワークシートを多く掲示することで，子どもたちの発言と，意識の変容が分かるようにしている。それによって，子どもたちは，道徳の時間に学んだことを常に意識し，実践しようとする気持ちにつなげることができてきた。また，他学年，他学級の掲示を目にすることで互いに刺激を受け，よりよい行動に移そうとする姿も見ることができるようになってきた。道徳教育推進教師は，まず，自分の学級の道

【道徳コーナー】

徳コーナーを作成し，他教師がつくりやすいように導いた。また，新しい実践へと更新するように声をかけたり，工夫しているものを他の教師に紹介したりし，よりよい道徳コーナーづくりに努めた。

3　授業公開やモラル委員会など家庭や地域社会との連携

(1)　道徳の時間の授業公開

　年に数回ある授業参観で，全クラスが道徳の時間の授業公開をする日を設定

している。本校の道徳の取組を紹介し，家庭でも道徳の内容について親子で考える機会としている。また，道徳教育推進教師がアンケートを用意し，参観後に家庭でどんなことを話し合ったのか記入していただく。アンケート用紙は，授業の内容について考えたことを子どもが記入し，それを家庭に持ち帰り，保護者に家庭で話し合ったことなどを自由に書いてもらう形式である。その記述からは親子で真剣に話し合っている様子をうかがうことができた。

(2) モラル委員会の実施

本校では，5，6年生が主体となりモラル委員会を実施している。モラル委員会には，二通りの方法がある。一つは5，6年生の子どもたちが聞く立場になり，PTAの役員，学校評議委員，交通指導員，地域の人，保護者，道徳教育推進教師，子どもの代表がパネルディスカッションを行う方法である。今までに「モラルとは何か」「三吉小学校のモラルについて思うこと」などを話題として行った。パネラーが話している内容を真剣なまなざしで聞こうとする子どもも多く，それぞれがモラルについて考えるよい機会となっている。道徳教育推進教師は，

【モラル委員会】

【親子で考えよう】

どのようなテーマで話を進めていくか，コーディネーター役の教師と打合せを行い，会のスムーズな進行を心がけた。

もう一つは，「親子で考えよう」として，5，6年生の子どもとその保護者，教師とで小グループに分かれて，一つのテーマ（あいさつ，言葉遣い，みんなのものなど）について話し合いを行うものである。まず，道徳教育推進教師と担任教師で事前にどんなテーマにするのかを考える。当日は，児童の代表がテーマについての作文を発表し，それをきっかけとして話し合いを進めていく。子ども，保護者，教師がそれぞれの立場から考えを述べ合うことでお互いの考えや気持ちを知るよい機会となっている。

(3) 地域講師の活用

　道徳の時間をはじめ，各教科や総合的な学習の時間などでは，地域で活躍している名人やボランティアの人から直接話を聞く機会をできるだけ多くもつようにしている。道徳では，講師の体験に基づく実感の込もった話を聞くことにより，道徳的価値の自覚を深め，ねらいに迫る

【地域講師のお話】

ことができる。また，目的に応じて講師を活用できるよう，道徳教育推進教師が人材バンクの一覧表を作成している。

(4) 地域を教材として活用

　子どもたちにとって地域の方々との触れ合いや近くの川や畑での体験は楽しく，心に大きく残るものとなり，学ぶことはとても多い。低学年は，学校の先生，地域の図書館長さんとの触れ合いを中心とした生活体験を，中学年は，な

【6年　地域花壇づくり】

し畑探検，境川探検を中心とした自然体験を，高学年は，地域でのごみ拾い，地域花壇づくりを中心とした社会体験を行った。それらの体験によって様々な道徳性がはぐくまれている。この活動を効果的に道徳の時間に生かすことによって道徳的価値の自覚を深める指導を一層充実させることにつながっている。その体験を行うに当たり，道徳教育推進教師は連絡調整などできる限りかかわりをもって進めるようにした。

───── ◯ 悩み，喜び，四方山話 ◯ ─────

　最初は「道徳教育推進教師」という耳慣れない言葉に，何をどう進める役割なのか悩み，戸惑いながら道徳教育を推進してきた。振り返ると，三吉小の教師集団に支えられ，講師の先生方に励まされ今日まで来ることができたように思う。
　「人」との出会い，「人」とのつながりが，私を成長させてくれた。今後も，道徳教育を三吉小の仲間「チーム三吉」とともに地道に進めていきたい。

(みよし市立三吉小学校　黒田和秀（道徳教育推進教師）)

| 取組の実際 小学校 8 | 道徳教育を基盤として，学校力の向上を図る |

広島県福山市立水呑小学校

🌱 本校の注目ポイント 🌱

1. 組織的な道徳教育の推進を図る校内体制
2. 道徳的価値の自覚を深める「コーディネート」
3. 道徳教育を支える学校環境

学校の様子

本学区は，広島県東部を流れる芦田川の河口西側に広がる丘陵地帯に位置し，福山と，古くから港町として栄えた鞆(とも)を結ぶ陸上交通の中間地点にある。旅人が休憩をして水を飲んだところから「水呑(みのみ)」と名づけられたといわれ，学区内には由緒ある史跡が多く残されている。本

【鞆の浦(絵：6年生)】

校の児童は大変素直で，清掃活動や一人一鉢運動などにも熱心に取り組んでいる。また，本校は図工科や音楽科など，情操教育にも力を入れている。

こんな道徳教育を進めたい

本校の児童には，基礎的な知識や技能を習得する力は定着している。しかし，それを活用したり探究したりする力や，自ら考え，進んで行動する主体性に課題が見られる。それは，受け身的で，させられている活動や学習にとどまっているためではないか。主体的な行動を後押しするための「もっとよくなりたい」という向上心を高めなければならない。

そこで私たちは，児童が目標や夢を意識できる道徳教育を進めることが大切と考えた。また，道徳教育の要である道徳の時間において，児童の考えをつなぎ，広げ，深める教師の授業力向上を図ることで，児童の道徳的価値の自覚を深め，実践力につなげたいと考えた。

みんなで取り組むために

このために，本校で大切にしているのは，子どもたちが道徳的価値を追求できるよう，道徳教育を「コーディネート」する力を全ての教師が備えることである。道徳教育推進教師は，その要として活躍している。「コーディネート」については，後で詳しく述べたい。

図1は，道徳教育推進教師を中核とした，道徳教育推進体制の組織図である。「学年部」と「三部」は，学校の校務分掌にある組織をそのまま活用し，道徳教育推進の重要な組織として位置づけている。

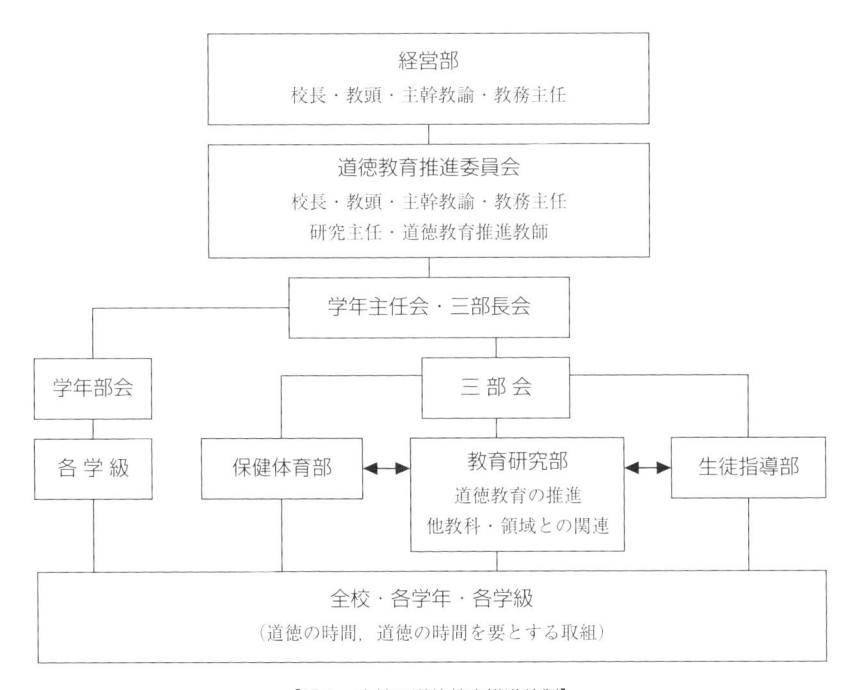

```
                    ┌─────────────────────┐
                    │       経営部         │
                    │ 校長・教頭・主幹教諭・教務主任 │
                    └─────────────────────┘
                               │
                    ┌─────────────────────┐
                    │   道徳教育推進委員会    │
                    │ 校長・教頭・主幹教諭・教務主任 │
                    │  研究主任・道徳教育推進教師  │
                    └─────────────────────┘
                               │
                    ┌─────────────────────┐
                    │   学年主任会・三部長会   │
                    └─────────────────────┘
         ┌──────────────┬─────────┴──────────┐
  ┌──────────┐              ┌──────────┐
  │ 学年部会  │              │  三 部 会 │
  └──────────┘              └──────────┘
  ┌──────────┐  ┌──────┐ ┌──────────┐ ┌──────────┐
  │ 各 学 級 │  │保健体育部│◄►│ 教育研究部 │◄►│ 生徒指導部 │
  └──────────┘  └──────┘ │道徳教育の推進│ └──────────┘
                          │他教科・領域との関連│
                          └──────────┘
         ┌────────────────────────────────────┐
         │       全校・各学年・各学級           │
         │  (道徳の時間，道徳の時間を要とする取組)  │
         └────────────────────────────────────┘
```

【図1　本校の道徳教育推進体制】

取組の実際

1 組織的な道徳教育の推進を図る校内体制

(1) 定期的な道徳教育推進委員会の開催と教育研究部との連携

　本校では，校長・教頭・主幹教諭・教務主任による経営部会を毎週月曜日に実施し，校長の学校経営方針の具現化を図るための具体的な運営について打ち合わせ，週をスタートさせる。この経営部会に研究主任・道徳教育推進教師を加えて道徳教育推進委員会を組織し，月2回開いている。道徳教育推進教師は低・中・高の道徳教育担当者(3名)の代表者である。

　道徳教育推進委員会の委員長は道徳教育推進教師である。道徳教育推進委員会では，児童実態の分析，道徳教育推進計画，授業研究の計画，道徳授業の課題等を協議し，学校全体の道徳教育の方向性を確認する。また，研究主任と道徳教育推進教師は共に教育研究部に所属し，研究主任が部長を務めている。教育研究部は教科や道徳などに関する教育研究を行っている。このうち，道徳教育の推進にかかわる教育研究は，道徳教育推進教師が中心となって進めている。

　道徳教育推進委員会での確認事項は，教育研究部において道徳教育推進教師の指導のもと，研究の方向性や具体的な取組方法等が示された研究構想にまとめられ，全体研修の場で全教職員の共通理解が図られている。

(2) 道徳教育推進教師を中心とした児童実態の分析と推進計画の作成

　年度末には，児童や保護者・教職員によるアンケート調査を行う。この結果をもとに道徳教育推進教師が中心となって児童の実態を分析し，次年度の重点目標を決定して学校全体の道徳教育推進計画を立てる。各学年はそれをもとに道徳の時間の年間指導計画を作成する。本年度は，学習指導要領の改訂を受けて，道徳の内容との関連を踏まえた各教科等における指導の内容及び時期を明確に示す表を作成した。このように新たなことに取り組む場合，道徳教育推進教師がリーダー性を発揮するために，まず，道徳教育推進教師自身が見本を作成し，留意事項を整理しておくようにしている。

(3) 前年度の成果を次年度に送るためのシステムづくり

　４月１日，学級担任の発表を受け，前年度と新年度の学級担任は，各学級の授業記録をつづった「道徳ノート」と作成した教材等を引き継ぐようにしている。「道徳ノート」には，１年間行ってきた道徳の時間の学習指導案に効果的だった発問や改善策，児童の発言・感想等が朱書きされている。道徳

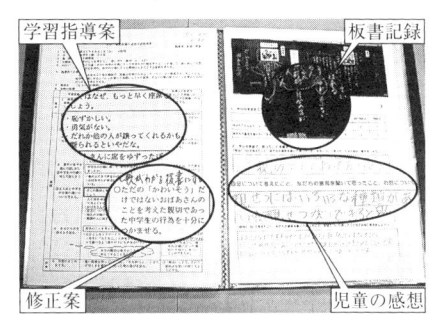

【年度ごとに引き継がれる「道徳ノート」】

教育をより充実させるために，前年度までの実践を活用していくことの意義はとても大きい。特に，資料の分析を行い，授業を実施したことは，次年度に新しい学級担任が実践していく上での大きな参考となる。新年度の学級担任は，それを参考に児童の実態を踏まえた上で，さらに資料開発，資料の分析を行って授業に臨むようにしている。

(4) 年度初めの道徳教育推進教師による模範授業

　１年間にわたって取り組んできた道徳教育の実践は，人事異動による教員の入れ替わりによっても，積み重ねが途切れてしまうことが多い。そこで，毎年４月初めには，道徳教育推進教師による模範授業を行い，基本的な道徳の時間の進め方について共通理解を図っている。また，このことは，道徳教育推進教師が本校の道徳教育の推進に関して率先垂範する姿勢を示すという意義がある。本校が大切にしている道徳の時間の考え方や進め方を，全教員で再確認し，今年１年間の道徳教育のスタートを切るのである。さらに，この取組は，新任教師が道徳教育の進め方について学ぶことができるといった意義もある。

２　道徳的価値の自覚を深める「コーディネート」

(1) 「コーディネート」とは

　「コーディネート」を本校では，次の３点で捉えている。

　① 学校教育活動全体で行う道徳教育の「コーディネート」

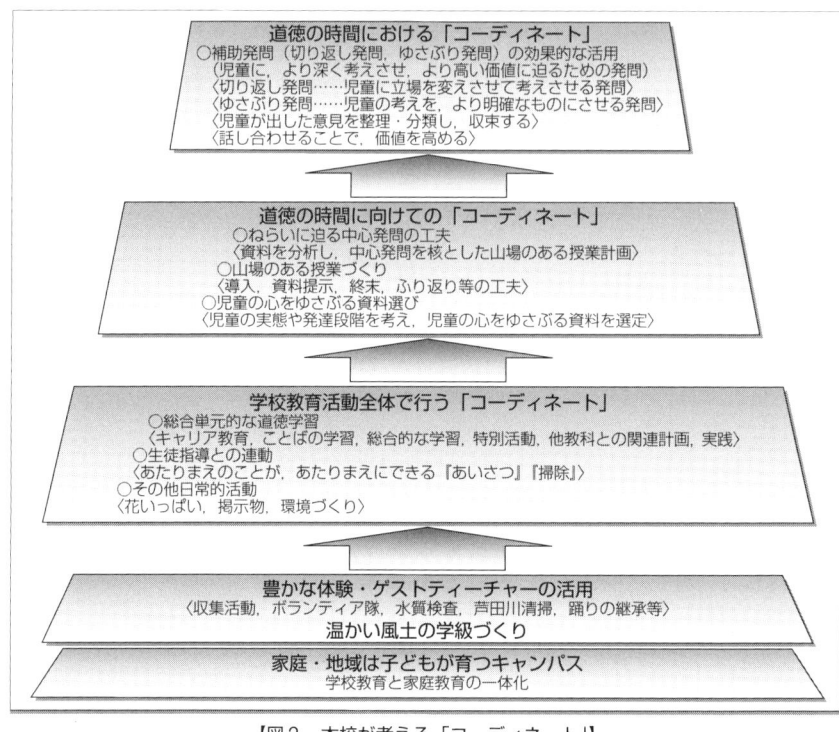

【図2　本校が考える「コーディネート」】

（ピラミッド図　上から下へ）

道徳の時間における「コーディネート」
○補助発問（切り返し発問，ゆさぶり発問）の効果的な活用
　（児童に，より深く考えさせ，より高い価値に迫るための発問）
　〈切り返し発問……児童に立場を変えさせて考えさせる発問〉
　〈ゆさぶり発問……児童の考えを，より明確なものにさせる発問〉
　〈児童が出した意見を整理・分類し，収束する〉
　〈話し合わせることで，価値を高める〉

道徳の時間に向けての「コーディネート」
○ねらいに迫る中心発問の工夫
　〈資料を分析し，中心発問を核とした山場のある授業計画〉
○山場のある授業づくり
　〈導入，資料提示，終末，ふり返り等の工夫〉
○児童の心をゆさぶる資料選び
　〈児童の実態や発達段階を考え，児童の心をゆさぶる資料を選定〉

学校教育活動全体で行う「コーディネート」
○総合単元的な道徳学習
　〈キャリア教育，ことばの学習，総合的な学習，特別活動，他教科との関連計画，実践〉
○生徒指導との連動
　〈あたりまえのことが，あたりまえにできる『あいさつ』『掃除』〉
○その他日常的活動
　〈花いっぱい，掲示物，環境づくり〉

豊かな体験・ゲストティーチャーの活用
〈収集活動，ボランティア隊，水質検査，芦田川清掃，踊りの継承等〉

温かい風土の学級づくり

家庭・地域は子どもが育つキャンパス
学校教育と家庭教育の一体化

②　道徳の時間に向けた授業づくりの「コーディネート」
③　道徳の時間における児童の発言の「コーディネート」

(2)　道徳の時間における「コーディネート」

　道徳教育の要である道徳の時間において，どういう発問でどの切り口から児童に考えさせ，どのように道徳的価値の自覚を深めていくかが，道徳の時間における「コーディネート」である。つまり，中心発問で児童が出した考えをねらいに照らして分類・整理し，児童の思考を揺さぶったり切り返したりする補助発問を行い，より高い価値に気付かせるような舵取りのことである（図3参照）。

(3)　「コーディネート」の力を高めるための授業研究の実施

　本校でのこれまでの実践の中で，道徳の時間において児童の考えをコーディネートするためには，「資料の分析が鍵」であるという結論に至った。教師自

```
○中心発問
  ・道徳的心情を問う発問………「どう思いましたか」
                「どうしてこのようなことをしたのでしょうか」
  ・道徳的判断力を問う発問……「どう考えましたか」
  ・道徳的実践意欲を問う発問…「どうしたかったのでしょうか」
○補助発問
  ・切り返し発問…児童に立場を変えさせて考えさせる発問
  ・ゆさぶり発問…児童の考えを，より明確なものにさせる発問
○児童の発言への言葉かけ
  ・共感したり，気付かせたりする　「そうだね，なるほど」
  ・意見をつなぐ………………………「○○さんが言ったことに，つなげてみて」
  ・意見を広げる………………………「今の考え，誰かの意見に似ていないかな」
                  「この考えと違う考えもあるかな」
  ・意見を深める………………………「なぜ，そう考えたの」「本当にそうなの」
  ・意見を明確化する…………………「それは，○○ということなんだね」
```

【図3　児童に考えを深めさせる発問例】

身が資料を読み切る力をつけなければ，児童の考えを生かすことはできない。そこで，道徳の時間に向けて「コーディネート」する力を高めるため，授業研究を実施している。道徳教育推進教師は，年度初めに道徳の時間の校内授業研究計画を作成し，1年間をかけて実施している。

具体的には，資料分析表を活用して次の手順で授業研究を進めている。

① 低中高別授業部会における資料分析等の事前研究…授業者は，指導案と資料分析表を提示し，部内で資料分析や指導案の検討を行う。このとき，道徳教育推進教師も部会に加わり指導・助言を行う。

② 検討会資料の事前検討…道徳教育推進教師は，部会で検討した指導案等を指導案検討会前に全体配布し，各自，考えをまとめて会に臨むよう促す。

③ 指導案検討会…道徳教育推進教師が進行する。授業者による説明の後，各自の考えを出し練り合う。

④ 授業提案及び授業反省…道徳教育推進教師が進行する。授業者の反省の後，研究主題に基づきグループ協議の中で意見を出し合う。さらに，それを全体で交流し，課題を明らかにしていく。

⑤ 課題の整理…授業反省で出された意見を道徳教育推進教師が整理し，明らかになった課題をプリントで配布する。そして，次回の研究に活かすようにしている。

道徳資料分析　2年　資料名『森のともだち』（東京書籍副読本より）

	場面	状況		人物など			道徳上の問題（構造・変化）
				こんきち	森のどうぶつ	おおかみ	
起	こんきちが森に引っ越してきた。	こんきちが森に来たが、わがままで乱暴なのでみんな逃げるようになる。	行動・言葉	たいへんわがままで、乱暴。	こんきちのすがたを見ると、逃げた。		
			心	乱暴は、おもしろい。	自分勝手だ。らんぼうされると、いやだな。		
承	おおかみに押さえ込まれたが、助けてもらい、夢中で逃げた。	おおかみから助けてくれた森の友だちを放っておいて逃げていく。	行動・言葉	「助けてくれ」夢中でさけびました。	何か相談して引き返して「こんきちくんを放せ」ぐるぐる回り始めました。	思わず手をゆるめました。	自分が助かればいい。
			心	だれか助けて。	どうしよう。乱暴でも友だち、助けよう。	くそっ。	
転	元の場所に引き返した。	友達のことが気になり、元の場所に引き返す。	行動・言葉	森のはずれまで逃げて胸をなでおろしましたが、急いで元の場所に引き返しました。	ぴょん子を助けようとひとかたまりになっておおかみに体当たりしました。	おこってぴょん子に飛びかかりました。	助けてくれた友だちのことを考えていなかったことに気付き、友だちの安否を気遣い始める。
			心	助かった。みんなはどうしているかな。けがをしていないかな。自分だけ逃げてはずかしい。	みんなで絶対助ける。	きつねの代わりだ。	
結	「ごめんよ」と泣き出した。	友だちのことを考えていなかったことに気づき泣き出す。	行動・言葉	みんなのそばにかけよると「ごめんよ。ごめんよ」と大声で泣き出しました。ぴょん子ちゃんごめん。友だちとして助けてくれてありがとう。もう乱暴しないよ。これからは助け合い、力を合わせるよ。	けがをしたぴょん子の手当をいっしょうけんめいしていた。こわかったね、大丈夫だよ。		みんなの行為を見て、友だちに申し訳ない思いが深まる。友だちとして助け合って行動しようと思う。
中心場面	こんきちが、急いで元の場所に引き返した場面						
中心発問	こんきちが、急いで元の場所に引き返したとき、どんなことを考えていたでしょう。						

【図4　資料分析シート】

⑥　他校への呼びかけ…近隣校や市内の道徳教育研究への部会に校内研究参加を呼びかけ、参加者からの意見で授業研究のマンネリ化を防いでいる。

3　道徳教育を支える学校環境

　道徳教育推進委員会では、道徳教育推進教師からの起案を受けて、日常的な取組についても検討している。さらに、学年部会や三部会における道徳教育に

関連する取組内容について道徳教育推進教師が指導を行っている。
(1) 授業観察による授業力の磨き合い
　冬場を除き，教室の廊下側の窓は取り外し，いつでも互いに授業を見合い磨き合えるようにしている。また，校長・教頭・主幹教諭等による計画的な授業観察を行っている。道徳教育推進教師もできる限り参加し，その日のうちに指導・助言する。また，全体的な課題は道徳教育推進委員会で話し合う。
(2) 朝会・学校行事・児童会活動等を道徳と関連づけて
　朝会は，校長が「こんな子どもに育てたい」という願いを込めて講話を行ったり，学年や委員会活動の発表機会とし，互いのがんばりを認め合ったりする場にしている。道徳教育推進教師との連携のもと，学校行事や児童会活動では，道徳のどの内容項目と関連づけるかを明確にして，「今のあなたの行動は，この前の道徳の時間のお話と一緒だね」と道徳の時間と関連させるなどして，道徳性の育成を目指す。
(3) 掲示物の充実
　教師からのメッセージがこもった学年掲示板「心のスケッチ」や，児童の姿が見える教室掲示板「心の元気」を作成している。ここでも，道徳教育推進教師はアドバイスを行っている。

【心のスケッチ】

――― ◯ 悩み，喜び，四方山話 ◯ ―――
　本校では，道徳教育推進教師が学級担任を兼ねている。そのため，全学年の授業を観察し，直接的な指導を行うことがむずかしい。それを学年会などで補うためには，校内研修を充実させ，次のリーダーを育てなければならないと感じている。そんな中，職員室で「この資料のねらいはこれでいいのかな」とか，「こんな発言があった。こんな姿が見られた」と道徳教育に関する話題で盛り上がることはうれしいことである。

（福山市立水呑小学校　陶山典江（校長））

取組の実際
小学校
9

全職員の協力のもと 子どもの「活力ある心」を育てる

福岡県宇美町立宇美東小学校

🦋 本校の注目ポイント 🦋

1. それぞれの教師が主体的にかかわる推進体制づくり
2. 各教育活動が担う役割を明確にした道徳教育推進計画の作成
3. 校内研究を中核にすえた道徳の時間の充実

(((学 校 の 様 子)))

(1) 豊かな自然や歴史と伝統に恵まれた学校

　町内には，安産・子安の神として有名で全国各地から参拝者が訪れる宇美八幡宮や，近隣地区では最大規模を誇る前方後円墳である光正寺古墳などがある。また，学校は三郡山系の山懐に抱かれ，四季の移り変わりを楽しませてくれている。

【宇美八幡宮と樹齢二千年の神木】

(2) 道徳教育を中核にすえた学校づくり

　本校は「自ら学び，心豊かで，心身ともに健康な子どもの育成」を教育目標に掲げ，「活力ある子どもの育成」を重点目標として教育活動に当たっている。その中核となっているのが，校内研究で継続的に取り組んでいる道徳教育である。

(((こんな道徳教育を進めたい)))

　子どもは本来「よりよい自分でありたい」「よりよい生き方をしたい」という思いや願いをもっている存在である。道徳教育の要となる道徳の時間におい

ては，その思いや願いを十分に表出させ，また自己の生き方へ返すことによって心を充足させることが，本校で目指す「活力ある心」を育てることにつながるものと考える。本校では「活力ある心」を次の3つの特性から捉えている。

自発性…自分らしさや持ち味を発揮し，自ら考え，行動しようとする特性 **相互性**…他者と協調し，よりよい関係をつくろうとする特性 **価値性**…価値ある生き方を志向し，求め続けようとする特性

これらが旺盛に働き，生きる喜びに満ち溢れた子どもたちを育てたいと考えている。

みんなで取り組むために

道徳教育推進教師は，各校務分掌組織と連携しながら全教育活動での道徳教育を推進している。目指す子どもの姿を共有化し，その達成に向けて全教師が，組織体として主体的にかかわることのできる体制づくりに努めている。

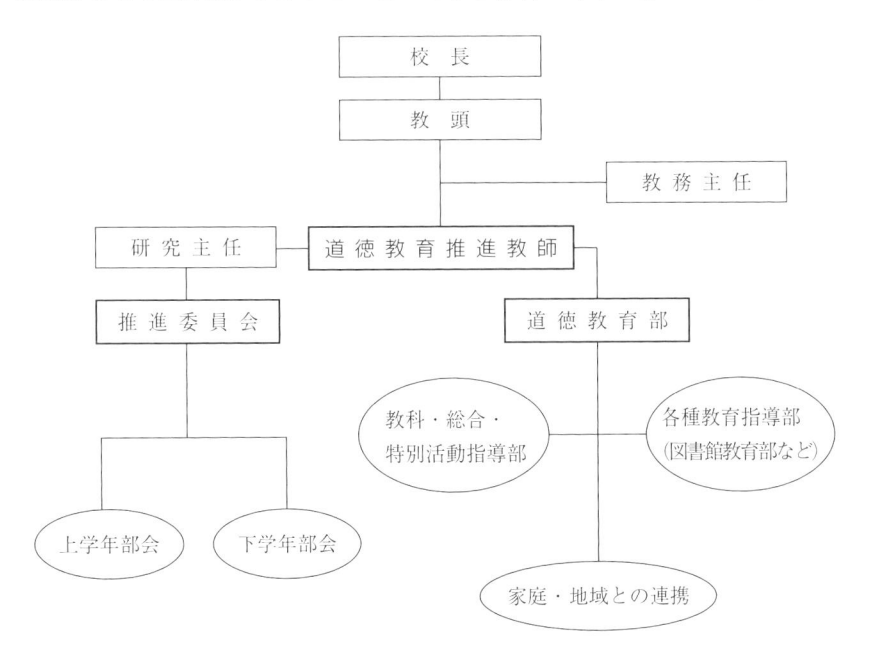

【図1　本校の道徳教育推進体制】

取組の実際

1 それぞれの教師が主体的にかかわる推進体制づくり

　全職員が一体となって道徳教育を進めるためには，道徳教育推進教師が中心となり，前ページに示した組織を機能化する必要がある。

(1) **全教育活動における道徳教育を推進する道徳教育部**

　道徳教育推進教師は，それぞれの教育活動を推進する校務分掌担当者に対して，Ｐ－Ｄ－Ｃ－Ａの各段階において適切に働きかけを行っている。

　例えば，図書館教育部に「子どもたちの心を耕したり，生き方のヒントを与えたりする環境の工夫を」と依頼したところ，校内に『偉人たちの名言』や『美しい言葉と知恵の宝庫』のコーナーが設定された。

　全職員が心を育てる視点をもって分掌の運営や学級経営に当たることが大切であると考える。

【校内環境「偉人たちの名言」】

(2) **校内研究の充実を目指す研究推進委員会**

　道徳教育を校内研究に取り上げている本校では，研究推進委員会の担う役割が大きい。毎月第１，第３金曜日に定例開催し，研究主任と連携しながら研究の充実を図っている。

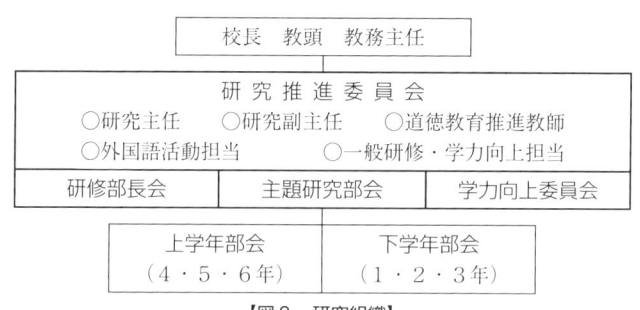

```
┌─────────────────────────────────┐
│       校長　教頭　教務主任        │
├─────────────────────────────────┤
│          研 究 推 進 委 員 会       │
│ ○研究主任　○研究副主任　○道徳教育推進教師 │
│ ○外国語活動担当　○一般研修・学力向上担当 │
├──────────┬──────────┬──────────┤
│ 研修部長会 │ 主題研究部会 │ 学力向上委員会 │
├──────────┴──────────┴──────────┤
│    上学年部会   │   下学年部会   │
│   （4・5・6年） │  （1・2・3年） │
└─────────────────────────────────┘
```

【図２　研究組織】

2 各教育活動が担う役割を明確にした道徳教育推進計画の作成

　全ての教育活動は，学校教育目標の具現化のために行うものである。道徳教育も同様で，推進計画は，校長から示された道徳教育の基本的な方針を受けて作成するものである。

(1) 重点目標達成のための道徳教育推進計画の作成と職員への周知

　道徳教育推進計画が網羅的，形式的なものに陥らず，実効性をともなうものにするためには，重点目標の明確化と達成のための手立ての具体化が大切である。作成の留意点は次のとおりである。

　○道徳性診断テストや児童への道徳アンケート，日常の行動観察から学校及び各学年の重点目標を設定する。

　○重点目標と各教科・領域等における指導内容との関連を示す。

　○重点目標達成のための特色ある教育活動を創造する。

　作成した道徳教育推進計画は，年度初めに職員に提案し周知を図るとともに，学年及び学級経営構想や各校務分掌の運営方針に反映され，達成のための方法が具体化されるようにしている。このことにより，職員の意識化と組織的取組が可能になると考える。

(2) 特色ある教育活動における道徳教育の推進

① 心を耕す読書活動の充実

　本校では，豊かな心を育てるとともに言語活動の充実を目指し，図書館教育に力を注いでいる。

〈朝の一斉読書〉

　毎週金曜日，朝の15分間を使って全校一斉読書に取り組んでいる。

〈読み聞かせ〉

　保護者に読書ボランティアを募り，毎月1回，朝の読書の時間を使って読み聞かせを行っている。

【保護者による読み聞かせ】

〈心の愛読書（学級文庫），校長室文庫〉

　各学級と校長室に，教師が薦める本を備え，子どもたちがいつでも自由に本を読めるようにしている。

〈読書週間の取組〉

　学期に1回ずつ読書週間（月間）を設定している。期間中は，委員会児童による読み聞かせ会や家庭読書の啓発などに取り組んでいる。

② 家庭や地域，接続学校との連携を深める道徳学習公開日

　毎年，全校一斉の道徳学習公開日を設定し，地域や町内の小中学校にも参観を呼びかけている。参観者には，アンケートを配付し，授業や子どもの様子を評価していただき，授業改善に活かすようにしている。また，この道徳参観後の保護者懇談会のテーマは，道徳教育や子どもの道徳性に関する内容に絞り，家庭との連携を深めている。

③ 道徳的実践力を高める全校あいさつ運動

　本校では，児童によるあいさつ運動が伝統的な活動になっている。具体的な実施方法については，代表委員会で話し合い，全児童が主体的にかかわるようにしている。また，本年度からはこの運動に地域や保護者の方にも参加していただいて実施している。

【全校あいさつ運動の様子】

④ メディアとのかかわりを見直すノーメディア運動の推進

　テレビやゲームなどメディアとの接し方を見直すとともに，基本的生活習慣の定着を目指す取組である。読書週間とあわせて，学期に1回実施している。各家庭で，生み出された時間を読書や親子の触れ合いなどに有効に使っている様子が保護者のアンケートから

【お弁当の日】

うかがえる。
⑤ お弁当の日
　食について考え，親子の触れ合いを深めようと年間3回程度行っている。弁当づくりを親子で一緒に行う中で自然に会話がはずんでいる様子で，子どもにも保護者にも好評である。

3 校内研究を中核にすえた道徳の時間の充実

(1) 個人テーマを設定した仮説検証授業

　本校は「活力ある心を育てる道徳学習指導」を研究テーマに掲げ，研究に取り組んでいる。本年度は，個々の教師が目指す授業を個人研究テーマとして設定し，仮説検証を進めていく研究スタイルをとっている。道徳教育推進教師として，「役割演技や心情図，価値追求マップなどを活用した表現活動を通した交流活動の在り方」「子どもの問題意識を喚起する導入の工夫」といった各教師が設定したテーマにそって，効果的な指導方法や検証方法について助言を行うようにしている。

(2) 授業研究会前の「から授業」の実施

　授業研究を進めるに当たっては，道徳の内容や資料の分析，具体的な展開等について検討する場として，上・下学年部会による「から授業」を事前研修の場として位置づけている。「から授業」の際には，発問・板書計画にそって，部員が

【教師による「から授業」の様子】

児童役を務めながら，実際に授業の流れを確認したり，児童にとって分かりやすい発問になっているか，また，道徳的価値に迫るための補助発問は的確であるか，板書は構造化されたものになっているか，などについて協議したりする中で，道徳教育推進教師としても積極的に助言を行っている。

(3) 教室や校内における環境整備の推進

　児童の道徳性を育成するための道徳的な環境づくりが大切である。そこで，

全教師による環境づくりを提案し，整備に努めている。

各教室内には「道徳コーナー」を設置し，児童が道徳の時間での学習内容について振り返るとともに，互いの考えのよさを認め合う場となることを目指している。「道徳コーナー」のレイアウトは学級担任の工夫に任せ，子どものノートや板書を取り入れたり，学習の流れを振り返ることができるようにさし絵やキーワードを取り入れたりするようにしている。

(4) 「研修だより」の発行による職員への情報発信と啓発

全職員に「研修だより」を発行し，研修内容の共通理解を図ったり，学校と

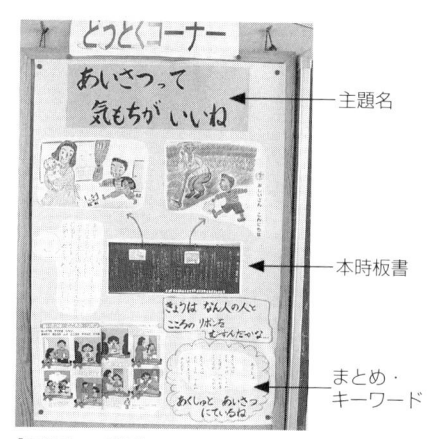

【各教室の「道徳コーナー」作成についての提案】

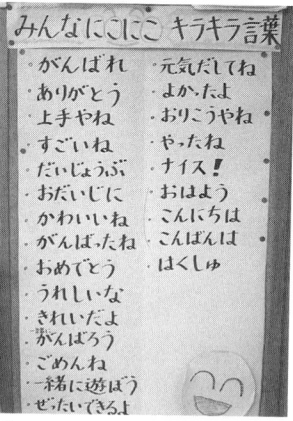

【教室内の道徳に関する環境の例】

して目指す授業像や課題を共有化したりしている。研修だよりに記す主な内容は次のとおりである。

　○長期休業中や学期初めに今後の研修計画や内容を示す。
　○各学年部の授業研修後に，整理会での協議内容をまとめる（所属部員で作成）。
　○道徳教育や道徳の時間の指導の在り方に関する情報発信。

(5) **道徳用教材や資料の整備**

　授業で活用した場面絵，道徳ノートなどは，教材資料室に学年毎の資料棚を準備し，保管していくようにしている。また，道徳ノートやさし絵，板書の写真等の電子データは，校内ネットワークの学年別フォルダーに保存している。このことにより，資料や指導方法の共有化が可能になり，道徳の時間の日常的な授業改善が推進されている。

―――――― ◎ 悩み，喜び，四方山話 ◎ ――――――

　本校は，各学年2学級の小規模校であり，職員室の中では，子どもの様子や授業の進め方などについて，校長，教頭も交えながら，職員同士で気軽に話題にすることができる。子どもたちの姿を中心にすえて，その姿に指導の手応えや課題を全員で共有できている点は，本校のよき学校文化の一つである。
　長きにわたって道徳教育の研究に取り組んでいることから，道徳の時間における子どもの反応なども職員室で話題になることが多い。このように，道徳教育に対する情熱や見識をもつ先生方にいつも感謝している。道徳教育推進教師としての実践もまだ試行的なもので，本書が刊行されればいち早く私が拝読したい限りである。今後も，本校のよさを大切にしながら，児童の内面に迫る道徳の授業改善に努めたいと考えている。

（宇美町立宇美東小学校　堤 和恵（道徳教育推進教師））

| 取組の実際 中学校 1 | 各学年の道徳教育推進教師が「心の教育」を推進する |

青森県八戸市立白山台中学校

本校の注目ポイント

1. 「心の教育」委員会の設置
2. 道徳教育推進教師の各学年への配置

学 校 の 様 子

　本校は、平成19年4月に開校した、まだ新しい学校である。新興住宅地の一角に位置し、近くにはショッピングセンターが集まるタウンセンターがあり、一方にはまだ森が残されており、授業をしていると森から小鳥のさえずりが聞こえてくる。校歌の作詩者である安岡優氏(ゴスペラーズ)は、この街を坂の印象的な「空に届く街」「風が薫る街」「人が集う街」と表現した。まさにそのとおりの、自然と街とが調和した恵まれた環境にある。

【本校校舎の一部】

　街ができて約15年、小学校が開校してから約10年、地域の方々にとっては待ちに待った中学校開校であった。そのため、地域からは多大な支援とともに大きな期待も寄せられている。開校時、生徒たちには、新しい学校をつくるという勢いや地域住民の支援に対する感謝の気持ちが強くあった。しかし、開校から3年。当時を知る生徒は3年生のみとなり、当時を知らない生徒たちとの間に、少なからずギャップが生じている。その3年生が卒業する4年目からは、3年間で築き上げたものをいかに維持し、いかに発展させていくのかが大きな課題となろう。これから真価を問われる学校であるともいえる。

こんな道徳教育を進めたい

　上記のような環境の学校であるから，開校時より，校長の方針は明確であった。「10年間ゆるがない学校の土台づくり」である。10年間ゆるがない学校の土台をつくるためには生徒の心を育てなければならない。そのためには道徳教育に力を入れなければならない。よって，校内研究会では「生き生きと活動し，互いに高め合う生徒～規範意識の育成を通して～」の主題を掲げ，規範意識の育成を中心とした道徳教育に取り組むことになった。言い換えれば，「10年間ゆるがない学校の土台づくり」を目指した道徳教育を進めることが，開校以来の本校が取り組んできた道徳教育であるといえる。

みんなで取り組むために

　みんなで取り組むために，初年度，まず実践したのは，全教員による公開授業の実施である。学級担任は道徳を，その他の教員は教科の授業を公開し，時間の空いている教員が参観してその後に研究協議会をもつ。教科等の授業においても「規範意識を育成する場」を意識した指導を心がけ，指導案に盛り込むようにした。

　2年目には，校内研究会の集中授業の指導案検討会に全教員が分担して取り組む体制をつくった。授業者が取り上げる資料について資料分析を行うグループと，実際に指導案を検討するグループとに分けることで，全教員が「規範意識の育成」に向かって取り組んでいるという意識をもつことをねらったものである。これが，3年目の青森県中学校道徳教育研究大会での全クラス授業公開につながっていくことになる。

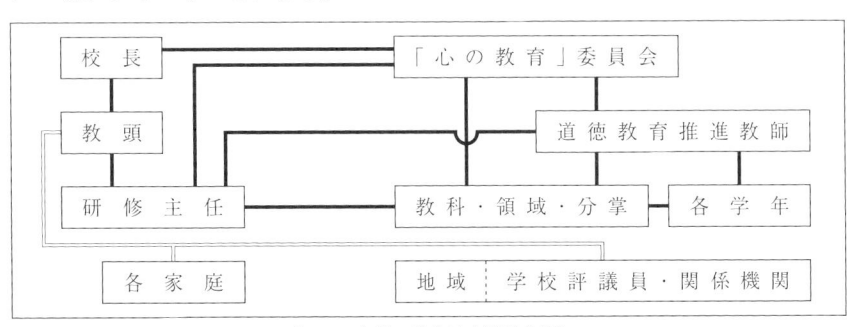

【図1　本校の道徳教育推進体制】

取 組 の 実 際

1 「心の教育」委員会の設置

(1) 青森県中学校道徳教育研究大会に向けて

　平成21年度，本校を会場にして青森県中学校道徳教育研究大会（以下「県大会」とする）が開催された。道徳教育推進教師の担う役割や位置づけに関して説明する上で，この大会を避けて通ることはできない。県大会を成功に導くためにどうすべきかを考えたとき，道徳教育推進教師をどのように生かすかが重要だったからである。

　県大会を開催するに当たって，本校の基本方針は3点であった。まず，全クラス授業公開すること。次に，「規範意識の育成」をベースとして，1学年では「規範意識」そのものを，2学年では「思いやり」を，3学年では「生命尊重」を扱うこと。そして，3点目は，全員で取り組むことである。

【県大会へ向けての準備会合】

　これら，県大会に向けての取組の中から，道徳教育推進教師の在り方や今後の課題が少しずつ明らかになってきたのである。

(2) 「心の教育」委員会の位置づけ

　『中学校学習指導要領解説　道徳編』において，「道徳教育推進教師の役割を明確化するとともに，<u>機能的な協力体制の下</u>，道徳教育を充実させていく必要がある」(p.65，文部科学省，下線筆者）と述べられていることを受け，本校では「機能的な協力体制」として「心の教育」委員会を設置した。当初は，領域の中の道徳部会をそのまま転じて委員会とする案や分掌として位置づける案もあったが，道徳教育が「学校の教育活動全体で取り組まれ」（『中学校学習指導要領解説　道徳編』p.65，文部科学省）るものであることから，領域からも分掌からも独立させ，それらにまたがる上位組織として位置づけることにした。

(3) 「心の教育」委員会の構成

　「心の教育」委員会は，校長，教頭，教務主任，研修主任，そして3名の道

徳教育推進教師からなる(実質的には、6人体制の道徳教育推進教師ともいえよう)。定期的に開くのではなく、道徳教育において共通理解が必要なときに随時開く。委員会で話し合われた内容は、各学年に配置されている道徳教育推進教師が、学年ごとに伝達をして周知徹底を図るのである。

2 道徳教育推進教師の各学年への配置

(1) 従来からあったポジションを生かす

これまでも、各学年に道徳の担当者がいた。道徳担当者は、担当学年の年間計画の作成、各時間ごとの資料やワークシート類の準備等を行ってきた。本校で配置した道徳教育推進教師は、この道徳担当者をスライドさせた形である。

ただ、新たに「道徳教育推進教師」となったことで、これまでと同じ役割であっても、それが校内組織の中でどのように位置づけられるのかを明確に意識して取り組むことにした。

例えば、各学年ごとの道徳教育の計画の作成においては、道徳主任が作成した道徳の時間の年間指導計画に基づいて、各行事等との関連をもたせた各学年の指導計画を作成した。道徳部会(道徳主任)と各学年とのパイプ役を道徳教育推進教師が担っているということを明らかにしたわけである。

また、道徳の時間に使用する資料やワークシートについても、原則として各学年の道徳教育推進教師が準備し、学級担任に提示する形をとった。本校では、職員会議で研修部からその月ごとの重点事項が示される。道徳

```
2．10月の目標
 ①学習面…学習三原則を意識した指導
   ・学習三原則＋学習規律（提出期限の厳守、あいさつ・返事等）の見直し。
   ・文化祭に向けての作品作り…過度な負担が掛からないよう、計画的に。
                           重複して作品作りをしなければならない生徒あり。
 ②道徳…1年「公徳心」「心の温かさ」「社会の秩序と規律」
       2年「人間のすばらしさ」「かけがえのない家族」「自然への感動」
       3年「勤労の尊さ」「自然への畏敬の念」「正しい異性理解」
   ・太字の項目については、合唱コンクール、文化祭との関連を図った指導を。
 ③特活…合唱コンクール、文化祭との関連を図った指導
   ・合唱コンクール…学級の団結
   ・文化祭……一人一役、成就感を味わわせる。
   ・後期学級役員の選出、生徒会役員の引き継ぎを通して、責任感、協力についても指導を。
   ・学級の環境整備（文化祭後の復元を含めて）
 ④総合的な学習の時間
   ・1年…文化祭の展示に向けて、農業体験の班新聞の作成。
   ・2年…ＧＪ報告会の準備
   ・3年…個人研究をまとめて、意見交換会にまでもっていきたい。
```

【図2　研修部から示される月ごとの重点指導事項】

についても，年間指導計画に基づいてその月に重点的に取り上げる内容が示される（図２）。道徳教育推進教師は，それに基づいて資料を吟味し，ワークシートを準備し，学級担任に提示するのである。これは，研修部（研修主任）と学年とのパイプ役を道徳教育推進教師が担っていることを明確にしたかったからである。学級担任の中には，独自の資料（ネタ）をもっている教師もいる。その場合は，学年間で資料を交換し合い，年間指導計画を調整し，副読本以外の資料を使うこともあったが，それも，道徳教育推進教師が各時間ごとに扱う内容等を提示し，道徳の時間に向かう学級担任の意識を高めた効果であろう。

このように，研修主任や道徳主任とのつながりを明確にした上で，これまで担当してきた役割は継承し，それに加えて，「心の教育」委員会の構成メンバーとしての役割も担うことで，道徳教育推進教師の１年目がスタートした。

⑵ 「心の教育」委員会での道徳教育推進教師の役割

本校における道徳教育推進教師元年ともいえる平成21年度は，前述のとおり県大会が実施された年である。そのため，「心の教育」委員会も，県大会に向けての取組が主となった。

まず，道徳教育推進教師が担ったのは，委員会にのせる案件を各学年ごとに集約することと，委員会で話し合われた内容や校長からの指示事項を確実に各学年に伝えることである。

例えば，県大会に向けて，各学年でどの資料を用いるかの検討をする際，指導内容や取り上げる主題，あるいは資料に重複

３学年　道徳資料　リスト　　（担当：○○○）

授業者	資料名	出典
３－１　○○○○	たったひとつのたからもの	「たったひとつのたからもの－息子・秋雪との六年」加藤浩美
	たとえぼくに明日はなくとも	中学校読み物資料とその利用－「主として自然や崇高なものとのかかわりに関すること」
３－２　○○○○	「福島智　みんないきていればいい」 オンリーワンの生き方 命ほど大切に思うもの 小さな鼓動のメッセージ たったひとつのたからもの たとえぼくに明日はなくとも	課外授業　ようこそ先輩「NHK総合」 New Horizon English Course2 とっておきの道徳Ⅱ とっておきの道徳Ⅲ とっておきの道徳Ⅱ 中学校読み物資料とその利用－「主として自然や崇高なものとのかかわりに関すること」
３－３　○○○○	命の重さ たったひとつのたからもの 奇跡のいのち	暁教育図書２ とっておきの道徳Ⅱ とっておきの道徳Ⅴ
	たったひとつのたからもの 奇跡のいのち 取り返しのつくこと・つかないこと	とっておきの道徳Ⅱ とっておきの道徳Ⅴ とっておきの道徳Ⅳ
３－４　○○○○	クワガタと少年	ゴマブックス株式会社 「エブリ　リトル　シング」 大村あつし著

【図３　各学年ごとにまとめられた資料リスト】

が出ないようにするため，各学年でいくつかの候補を挙げ，それを「心の教育」委員会に持ち寄って絞り込みを進めたのだが，資料の集約は，各学年の道徳教育推進教師が中心になって進めた。もちろん，このリストを作成するまでの間に，どのような資料がどこに保存されているのかを各学年の教師に知らせ，取り上げたいものを絞り込むまでの相談にものったことはいうまでもない。

また，県大会に向けて，校長からも様々な指示が出された。

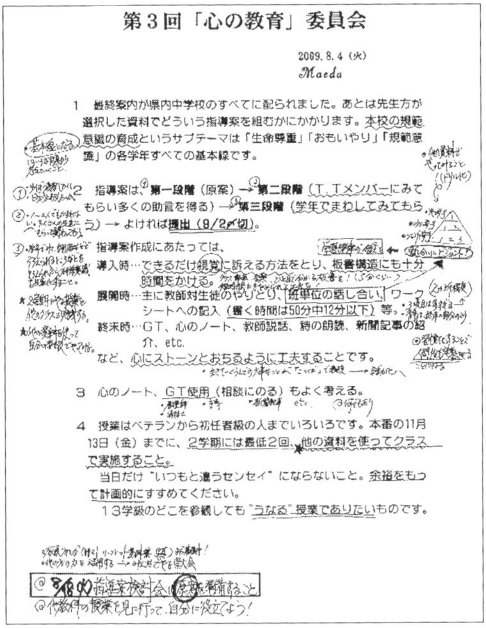
第３回「心の教育」委員会

2009. 8. 4（火）
Maeda

1　最終案内が県内中学校のすべてに配られました。あとは先生方が選択した資料でどういう指導案を組むかにかかります。本校の規範意識の育成というサブテーマは「生命尊重」「おもいやり」「規範意識」の各学年すべての基本線です。

2　指導案は、第一段階（原案）→第二段階（T. Tメンバーにみてもらい多くの助言を得る）→第三段階（学年でまわしてみてもらう）→よければ提出（9/2〆切）。

指導案作成にあたっては、
導入時…できるだけ視覚に訴える方法をとり、板書構造にも十分時間をかける。
展開時…主に教師対生徒のやりとり、班単位の話し合い、ワークシートへの記入（書く時間は50分中12分以下）等。
終末時…GT、心のノート、教師説話、詩の朗読、新聞記事の紹介、etc.
など、心にストーンとおちるように工夫することです。

3　心のノート、GT使用（相談にのる）もよく考える。

4　授業はベテランから初任者級の人までいろいろです。本番の11月13日（金）までに、2学期には最低2回、他の資料を使ってクラスで実施すること。
当日だけ“いつもと違うセンセイ”にならないこと。余裕をもって計画的にすすめてください。
１３学級のどこを参観しても“うなる”授業でありたいものです。

【図４　「心の教育」委員会の会議用レジュメ】

指示事項は，職員会議や職員朝会などで全体に伝えるよりも，各学年ごとに伝達した方が確実である。そこで，道徳教育推進教師が，学年ごとの朝の打ち合わせや学年会議の場で伝達することを徹底した。「心の教育」委員会も少人数で進められ，学年単位もそれとほぼ同じ人数構成である。こうすることにより，全体への共通理解が進み，道徳教育に向かう足並みがそろっていったのである。

⑶　各学年での道徳教育推進教師の役割

先に述べたように，本校における道徳教育推進教師は従来各学年で道徳教育を中心になって進めてきた教師である。よって，学年におけるその役割はこれまでとおりである。道徳教育推進教師として新たに加わったのは，指導案検討会におけるリーダーシップである。

前年度に行った校内研究会の集中授業の指導案検討会の際には，道徳主任がその中心となって運営した。一方の資料分析のチームで中心となって運営したのは研修主任である。それを，平成21年度は各学年ごとに，道徳教育推進教師

が中心となって運営する形に変えた。県大会で扱う内容項目が各学年ごとに決まっていたことも理由の一つであるが，結果的には，道徳教育推進教師が中心になって検討会を進めることにより，各学年に共通した主題を取り上げ，学級担任が自分の持ち味を生かした資料を用いた授業展開を考えることができるようになった。

3 今後の課題

(1) 3人の道徳教育推進教師が機能するために

スタートして1年目は県大会があったために，その成功に向けて道徳教育推進教師の力を借りることが多かった。しかし，そのような大きな

【学年ごとの指導案検討会】

大会がないときに，各学年に配置された道徳教育推進教師が効率的に機能するためには，どのような体制が必要なのか，これから考えていかなければならない。

もちろん，県大会と同じような体制をとり続けることは困難である。しかし，県大会に向けて全職員で取り組んだ経験は，今後の道徳教育推進教師の在り方に大きな示唆を与えてくれた。以下に何点か挙げてみる。

① 道徳教育推進教師は，校長や研修部(研修主任，道徳主任)との連携を密にして，各学年での道徳教育の推進に当たることで，有効に機能する。
　→研修主任，道徳主任のリーダーシップが重要である。
② 道徳教育推進教師が，各学年の道徳の時間に用いる資料等について，他の教師に話題提供をすることによって，道徳の時間が活性化する。
　→会議だけでなく雑談の中で，学年の道徳の時間をリードする意識が必要である。
③ 道徳教育推進教師同士の横のつながりが弱い。
　→道徳教育推進教師の新たな役割，可能性を探っていく必要がある。

(2) 研修主任として思うこと

1年間，研修主任として，また「心の教育」委員会の一員として道徳教育推進教師とかかわってきて思うことは，道徳教育推進教師を生かすも生かさない

も校長のリーダーシップ，及び研修部のリーダーシップ次第だということである。本校の場合は，校長が道徳教育に熱心で造詣が深く，強力なリーダーシップをもって取り組んでくれるので，道徳教育推進教師も動きやすかったことと思う。しかし，いつでもどこでも必ずしもそうであるとは限らない。その場合，研修部との連携を密にすることが何よりも重要になってくる。道徳教育推進教師自身が自ら何をすべきかを考えて行動に移すこともちろん必要ではあるが，特に今，道徳教育推進教師の黎明期においては，これまで校内で行われてきた道徳教育を見直し，その中から道徳教育推進教師が担うべき役割を洗い出し，校内研修として研修部が取り上げていく必要があるのではないかと思う。本校も，まさにその時期である。今後さらに，道徳教育推進教師が生きる体制づくりを進めるため，校内研修に取り組んでいかなければならないと思っている。

【平成21年度青森県中学校道徳教育研究大会の様子】

(八戸市立白山台中学校　鮫ノ口正恵（研修主任））

― ○ 悩み，喜び，四方山話 ○ ―

　学年の道徳授業の推進というより，調整係という立場だったように思います。でも，互いに授業を見せ合い意見交換する中で，確実に個々の力がアップし，生徒の意識も変わっていったのを感じることができた一年でした。
(道徳教育推進教師：小野崎敦子)

　これまでの道徳主任としての動きと変わらない活動状況だったと思います。県大会に向けて，校長の強力なリーダーシップと研修主任の緻密な計画・運営によって進められてきましたが，次の年度からどのような動きをすべきか，不安があります。
(道徳教育推進教師：大越　宏子)

　道徳部会の学年代表として道徳教育推進教師の役割を担ってきたつもりです。体制は整いましたが，同一歩調で道徳の時間を行うための呼びかけをするにとどまったので，仕事内容の検討をしていかなければならないと感じています。
(道徳教育推進教師：佐々木敬子)

取組の実際	
中学校 2	個人の十歩より， 全教職員の一歩を進める

静岡県伊豆市立修善寺中学校

🌸 本校の注目ポイント 🌸

1. 道徳教育推進教師がリードする道徳授業充実への取組
2. 学年体制や学校体制を活かして人をつなげるシステムづくり

)))（（（ 学 校 の 様 子)))（（（

　弘法大師が旅の途中，病気の父親の体を川で洗っていた息子の姿を哀れんで，手にしていた独鈷(どっこ)で岩を突くと，温泉が湧き出したという。名湯修善寺温泉の由来である。地名も名刹「修禅寺」の門前町に起因し，鎌倉初期には2代将軍頼家幽閉，暗殺の歴史があり，作家岡本綺堂の「修禅寺物語」の舞台にもなっている。

　本校は，伊豆市の旧修善寺町を学区にしており，伊豆西海岸，中伊豆，天城といった地域をつなぐ所に立地している。「温かき湯の湧くところ，温かき人の情けあり」のゆえんか，生徒も落ち着いている。

)))（（（ こんな道徳教育を進めたい)))（（（

　道徳教育に関しては，過去に特別な研究をしたというわけではない。校長自身も，ティームティーチングによる道徳の授業に参加したり，様々な企画への指導助言をしたりするなど，協力的である。校長が示す基本方針としての道徳教育の方向は，あえていうならば，「かかわり合いを通して，学ぶ喜びを実感する授業」という合い言葉の中に込められているといえる。

みんなで取り組むために

　学校の日常の多忙化は深刻なものがある。多くの教員は、道徳の授業をきちんとやりたいと感じている。かつての私は、授業研究を深めていくことが道徳の授業を推進していく一助と愚直に考えてきた。しかし、この発想は、学校の中で十分に行き渡らなかった。道徳の授業に対して消極的な教員をどう巻き込んでいくか、道徳の授業を億劫に感じる教師に、どう寄り添っていくか。今こそ、その手立てが必要ではないか。個々の教員の「やる気」に頼らず「やれるしくみ(システム)」を築く支援ができないだろうか。

　とりわけ中学校で道徳授業を確立していくためには体制づくりが必要であると、多くの道徳教育研究校で指摘されている。一方で「学級王国的」と呼ばれる雰囲気も、学級担任が学級をファミリーの感覚で経営していく方針としてある時代には教育効果を上げていたという。もし、その意識をもって自分の勤務校での分掌に当たったらどうだろうか。本校の場合、校長・教頭の理解を得た上で、学校・学年体制が緩やかに機能したからこそ、「自分の学校(ファミリー)の道徳教育」は、功を奏したように思う。

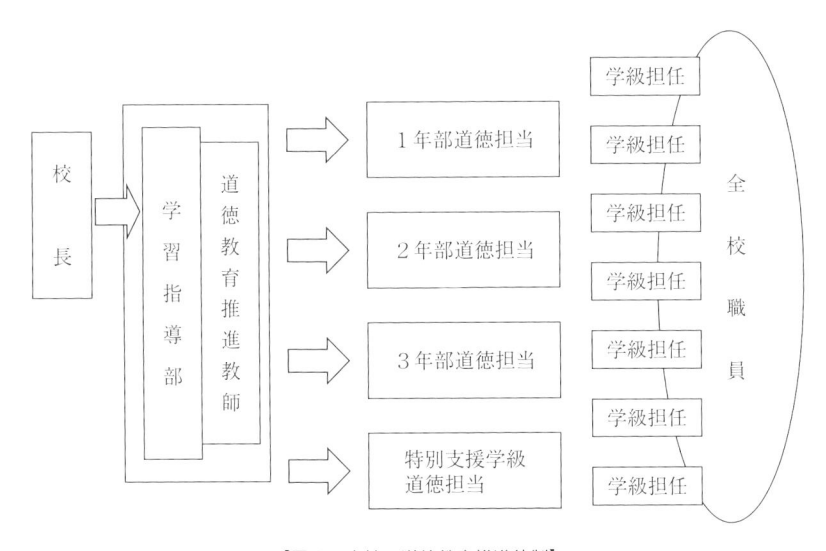

【図1　本校の道徳教育推進体制】

取組の実際

1 道徳教育推進教師がリードする道徳授業充実への取組

(1) 年度初めの道徳授業で生徒の心をつかむ

　最初が大切である。当面は担任教師にとって授業がやりやすい環境を整えなくてはならない。例えば、「道徳とは何か」「自分探しエゴグラム分析」「命のバトン」などは、ここ数年、多くの授業者から評価されてきた資料である。生徒自身がその気になって取り組み、教師も手応えを感じることが多い資料である。

　4月当初、初発の道徳授業で行う。以前、私は、道徳の資料は二度使えないと感じていたが、資料「道徳とは何か」は毎年実施して、そのたびに新鮮である。文字どおり「道徳とは何か」という問いかけに、生徒は既習の道徳授業から何を学んだかを語り始める。つまり、昨年度までの道徳の時間に学んだ道徳的価値の内容を並べるのである。教師はそこから生徒が道徳の時間に何を学びたがっているかという生徒側のニーズと、目の前にいる生徒に学び足りないものを見極め、教師側の「ねらい」を探る時間ともなる。

　本校では「今日の授業はとても楽しかった。」という生徒の声が上がり、担任教師の心を動かす場面が毎年の風物詩となっている。

【「道徳とは何か」の授業風景】

(2) 道徳封筒を提供して授業への意識を高める

　授業を一つ行うためには、かなりの授業研究や教材教具の準備が必要である。しかし実際のところ、1時間の授業のために費やせる労力には限りがあり、これが授業者を億劫にさせている大きな要因となっている。

　そこで、それらを道徳教育推進教師が系統的に集約するシステムにしたらどうであろうかと考えた。小学校勤務時代は、1時間の授業のために授業準備を

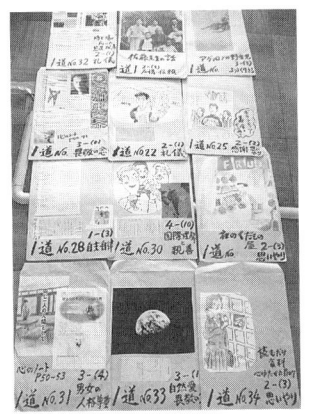

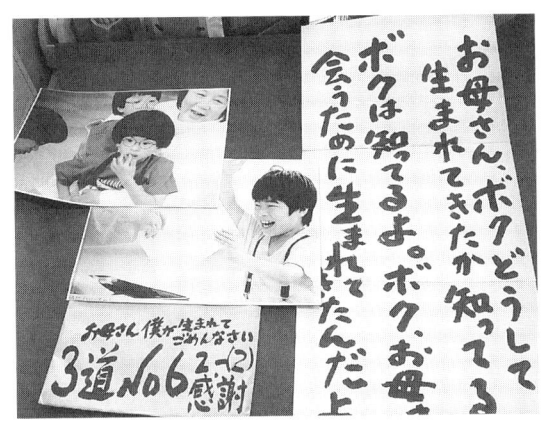

【「道徳封筒」のいろいろ（左）とその中身（右）】

するのが当然であった。そのつもりであれば負担感は同じであり，しかも，4，5回も利用されるとなるとやり甲斐すら感じる。

　通称「道徳封筒」は，A角3封筒の表に，資料名，出典（副読本名），内容項目が明記され，板書例，『心のノート』関連ページが貼付されている。一見して授業のイメージがつかめる工夫がしてある。封筒内には，資料に関係する生徒の日常生活を捉えた拡大写真，カラーコピーの場面絵，キーワードを大書したもの，ワークシート，指導案，CD，ビデオ等が必要に応じて入れてある。

　この封筒は，月曜日に各担任の机上に置かれる。道徳は毎週水曜日2時間目なので，各担任は時間を見つけて準備をするわけだが，3年部のH教諭は，自分なりのワークシートをつくっているし，2年部のW教諭は，資料をもっと発展させた授業を展開している。1年部のK教諭は，私には考えつかないような使いやすい提示資料をつくるという主体的な動きも見られるようになった。

(3) 授業者が手応えを感じる「おすすめ資料」を提供する

　実績のある資料や評価を得ている展開例などを年間指導計画に組み込み，本校の実態に応じた資料を系統的に配列したものを共有化できれば，教師自身の授業意欲を喚起し，充実した授業実践ができる。また，授業実施後，簡単な授業反省を記述してもらうようにした。以前はファイルを回していたが，現在は用紙を道徳封筒に貼っておき，返却時に記入してもらうような形にした。実践

者の感想が参考になるということで，励ましたり励まされたりの相乗効果があるようである。この記録は，次年度の資料選定にも活かされている。

2 学年体制や学校体制を活かして人をつなげるシステムづくり

(1) 道徳サイクル表の作成でシステム化を図る

本校では本年度，道徳の授業を水曜日2校時に固定している。道徳封筒は基本的に1セット作るので，全学年で同じ資料を使って実施するのはむずかしい。そこで道徳サイクル表をつくった。もちろん，この方法は，資料がローテーションすることになるので，その実施のためには，年間指導計画を柔軟に運用するなどの配慮をしなくてはならない。

これには資料名のほか，授業準備物も明記されている。教職員に配ると同時に，各学級の道徳授業の準備担当生徒にも渡しておく。すると委員が予定黒板に早々に学習内容を掲示してくれるし，授業が近づくと，必要に応じて担任の机上に資料や教具などが配られていることもあり，みんなの授業の取組への意識の向上に役立っている。

平成21年11月2日

平成21年度　修善寺中　道徳サイクル1年

道徳科委員さんへ
☆授業日の2日前には，予定黒板に記入しておきましょう。
☆授業変更については，担任の指示に従ってください。
☆授業のある日は，朝のうちに配布物・準備物を確認しておきましょう。

第　回	実施日	1年1組 O学級	1年2組 F学級	1年3組 I学級	1年4組 W学級
第23回	11月4日	No.23	No.24	No.25	No.26
第24回	11月11日	全学級同一主題			
第25回	11月18日	No.24	No.25	No.26	No.23
第26回	11月26日	No.25	No.26	No.23	No.24
第27回	12月2日	全学級同一主題			
第28回	12月9日	No.26	No.23	No.24	No.25
第29回	12月16日	No.27	No.28	No.29	No.30

資料番号	資料名	道徳委員が準備・配布する
No.23	ハンセン病の向こう側	パンフレット　心のノート
No.24	南極のペンギン	原稿用紙
No.25	122対0の青春	ワークシート，プリント
No.26	くもの糸	ビデオデッキ
No.27	人間関係を考える	プリント
No.28	これからの自分を考える	
No.29	日本の美〜東山魁夷〜	東山魁夷のビデオ・デッキ 道徳副読本
No.30	アヴァロンの野生児	資料

【図2　道徳サイクル表】

もちろん，学級の実態に合わせたものではないこと，時期やタイミングがずれやすいことなどの問題点がある。そのような場合，学級担任は，資料の実施の順序を調整したり，他の資料と差し替えたりすることもある。その際，学年の中でその修正を責任をもって行い，さらに，次年度の年間指導計画の改善に役立てていくようにする。

(2) ゲストティーチャーを全学級へ招聘する

学習指導要領では，ゲストティーチャーの活用をさかんに勧めている。しかし人選や事前の打ち合わせの大変さや，例えば，わずか10分程度の登場で招く

ゲストティーチャー招聘道徳授業〔狩野川台風〕

1　日　時　平成21年9月30日（水）第2校時（9：30～10：20）

2　対　象　2年生　5学級

3　ねらい
・郷土が被った大きな災害とその復興について知ることによって，先人の努力によって発展してきたことへの感謝と尊敬の念をもつ。
・地域の体験者の方々の言葉を聞くことによって，故郷に親しみ，郷土を大切にしていこうという心情を育てる。

4　参加者

訪問学級	キャロットさん	訪問学級	キャロットさん
2の1	Kさん	2の4	Mさん
2の2	Nさん	2の5	Eさん
2の3	Oさん		

5　授業の流れ
(1)　担任授業　30分程度
(2)　本時に関わる内容で，ゲストティーチャーのお話（20分）
　①狩野川台風におけるご自身の体験。（できれば生徒の身近な場所や施設にかかわるものだと伝わりやすい。）（10分）
　②大変な被害であったが，地域のみんなが力を合わせて復興してきたことを話していただきたい。（7分）
　③狩野川台風や「志鼓の像」「花水木」「校門の門柱」の由来を知ることによって，修善寺や修善寺中学校に愛着と誇りをもってほしい。（3分）

【図3　道徳授業「狩野川台風」の計画書】

のも心苦しいということで，行動には移しにくい。

　そこでそれらの煩雑さを一手に行ってしまったらどうかと考えた。幸いなことに，本校には「キャロットクラブ」という学校ボランティア30余名の人たちがいて，授業参加への快諾があり，特別支援学級を含めた全16学級へ1名ずつのゲストティーチャーが確保できた。

　授業内容については，事前に校内研修の授業研究で行い，整理している。したがって研修部で練られたものになる。

　この試みは，7月と9月に行っている。前ページの図3は，第2学年を対象としたときの，ゲストティーチャー招聘道徳授業の計画の概要である。

【ゲストティーチャーによる授業風景】

(3) 事前の授業研究で仲間をさらに巻き込む

　校内研修で道徳の授業研究などを行い，公開していくのは，道徳授業に関心

をもつ仲間を巻き込むのに大変効果的である。

今回，事前研修と事後研修を，本校の教員と市内の特別支援学級担任の教員を交えて行った。

私事であるが，1年に1回は率先して研究授業を行うことを心がけている。当たり前のことであるが，十分な教材

【「泣いた赤鬼」の授業風景】

研究なくしてよい授業はあり得ない。多くの失敗を経験しなければ，優れた授業をつくる力量はつかない。ただし，その収穫を自分一人で抱えるのではなく，仲間に広げていく。このスタンスは結構楽しい。もっとも「仲間とかかわり合いを通して，学ぶ喜びを実感」しているのは，実は道徳教育推進教師である私自身かもしれない。

(伊豆市立修善寺中学校　大木洋美（道徳教育推進教師）)

―――○ 悩み，喜び，四方山話 ○―――

職員室の片隅に置かれている道徳封筒を見ていますと，ひとつのサイクルとして定着していることが分かります。先生たちは，封筒の中からプリントや写真，CDなどを取り出して使い，また別のものを用意して入れておきます。封筒にはメモ用紙が貼られ，資料を使った授業者の感想や生徒の受け止め方などが書き重ねられています。

旅行好きな人の中にはカバンから荷物を出したり入れたりして，旅に最も適した準備をするものです。本校の道徳教育推進教師も道徳封筒に同じような情景を思い描いているように感じます。まるで封筒の行方を楽しんでいるような…。

教員が封筒を抱えて職員室を出て行く姿は，カバンを小脇に抱えて旅に出る人を思わせます。旅の行く先で何が待っているか。道徳教育推進教師の楽しみも，ますます広がっていく様子です。

(校長　風間忠純)

取組の実際 中学校 3	教師集団の力を活かして，実践力と研究意欲を高める

愛知県岡崎市立矢作北中学校

本校の注目ポイント

1　4クラス単位の学級解体で大規模校の課題を克服
2　道徳と話し合い活動が有機的に結びつけられた2時間連続授業
3　教師も生徒も道徳をきちんと行うことで話し合い活動が成立する構造

学校の様子

昭和56年創立の本校は「努力」「誠実」「創造」を校訓としている。開校当初より大規模校であり，県内一の生徒数の時期もあった。部活動が盛んで，毎年いくつかの部活動が全国大会出場を果たしている。学区は本校の教育活動に深い理解を示し，大変協力的である。生徒は概して，①学習や行事に真面目に取り組むことができる，②部活動が好きで真剣に練習に励み，多くの成果を挙げている，③教師の言葉に素直に従うことができる，という様子である。

【生徒会主催の「いじめ撲滅集会」】

こんな道徳教育を進めたい

近年の本校の傾向として，自尊感情が十分とは言えず，自信をもって行動できなかったり自分の思いや考えを述べなかったりする生徒が見られる。また規範意識の低下も見られ始めた。そこで教職員一丸となり，これらを克服する道徳教育を進めたいと考えた。

そのような道徳教育の推進においては，以下のような基本的な目標を立てた。①25をこえる全学級を道徳教育推進教師が個別に把握するのは不可能であるの

で，数学級ずつでの教師の協力が不可欠な授業形態を構築したい。②協力する教師たちの授業力が一人でも極端に低いと授業の成立に影響を与えるような授業形態を構築したい。③道徳の授業を生徒と教師がつくらないと次の段階へ進めないような授業形態を構築したい。

みんなで取り組むために

本校の全教職員は「道徳の授業力をつけたい」「道徳の授業をきちんとやらなければ」といった前向きな意欲をもっていた。では，実践をするほどにその意欲が高まる推進体制とはどのような構造であろうか。本校では「ジグソー・メソッド」(後述)にその解決の糸口を見出した。

(1) 4クラス単位でのカウンターパート学級で道徳の授業

学級を解体し，4分の1ずつ違う学級の生徒が1教室で道徳の授業を行う(カウンターパート学級)。つまり4学級が同時に道徳の授業を行うが，教室にいる生徒の構成が異なる。

(2) 道徳の授業に関連する話し合い活動を直後に実践

道徳の授業後，生徒は自分の学級に戻るが，通常の席には着かない。別々の学級で道徳を学んだ4人が班になって座る(ジグソー学級)。つまり4人班は，別々の資料で道徳を学習した生徒で構成されている。

(3) 教師も生徒も真剣に道徳の授業をつくる

教師は互いに学び合い，準備して道徳の授業づくりを行う。後の授業で生徒は道徳の授業で何を学んだかを語らねばならないこともあり，道徳の授業に積極的に参加するようになる。

注1：研究推進委員会は校長，教頭，教務主任，校務主任，校務主任補佐，研究主任，道徳教育推進教師，各部会長，各学年副主任で構成される。

校長
教頭
研究推進委員会
研究全体会

注2：本研究は岡崎市いのちの教育アクションプランと連動している。その点は加倉井隆編著 (2008)『中学校新学習指導要領の展開 道徳編』明治図書に詳しい。

ジグソー部会	アクションプラン部会	記録・データ部会	環境部会
各学年ごと担任4名のチーム	各学年ごと担任4名のチーム	学級副担任が所属	学級副担任が所属

【本校の道徳教育推進体制】

《《《 取 組 の 実 際 》》》

1　4クラス単位の学級解体で大規模校の課題を克服

　道徳の授業はまずは学級担任が責任をもって行うべきであろう。本報告はそれを基盤に，研究的に，時期を選んで実践した部分について報告するものである。

　研究初年度に道徳教育推進教師は年間で15回の授業公開を行った。教職員は座学による研修より数倍の伸びを示し，授業づくりを組織化，分担化する必要に迫られた。大規模校で道徳の授業づくりを推進する上で想定される以下の二つの弱点を克服するため，ジグソー・メソッドに基づく研究体制を構想した。

(1)　**全学級の授業実践の把握と個別指導は不可能であること**

　「道徳の授業で他の教師の実践に助言を行える教師」となると，1校で3名はいないであろう。ならば推進側は，「教師数名の協力による授業づくりと磨き合い」を仕組む必要がある。その点，4クラス単位の学級解体授業では万事，教師間の相談と話し合いが不可欠となる。どの教師が組むか，生徒の割り振り，座席の配列，別々の4資料を誰がどう選ぶか，と時間と準備を職員に要求することとなる。推進側としては職員からの不安を様々な段階で危惧したが杞憂であった。全ては若手を基準として，各々の4人組の中で教師間の役割ができていった。指導案検討はいつも同じ4人で行われるので，意見も言いやすくお互いの考え方や授業観に興味を抱いていった。つまり授業づくりの過程で，職員は自分の役割を得たり，創造的な時間を味わったりできたのである。

(2)　**教科担任でもなく話したこともない生徒ができてしまうこと**

　1学年300名をこえると，教科担任外では行事があっても話したことがない生徒ができてしまう。「生徒指導は全教職員で」という理念は妥当だが，物理的に不可能な側面がある。しかし学級解体によりそのかなりの部分が解消される。教科担任をしていない学級とカウンターパート学級を組むと，その4分の1の生徒とは道徳の授業で深く知り合うことになる。道徳の授業実践に当たっては，生徒がもっている考え方や価値観，さらに可能であれば育った環境を教

師が把握する必要がある。教師は自ずと知らない生徒を知ろうと意識してかかわったり，これまでのワークシートへの記述に目を通したりするなど，情報の収集に向けて動くようになる。こうしたことが「全教職員で道徳の授業づくりを行っているという一体感」を生み出すことにつながった。

2 道徳と話し合い活動が有機的に結びつけられた2時間連続授業
(1) 道徳教育推進教師の役割とは

　組織として道徳の授業に基づく研究を行うとすれば，道徳の授業の質の保障が問題となろう。研究終了時には「全教職員が自信をもって道徳の授業の準備と実践を行えるようになること」はもちろん，どの授業を見ても「生徒の挙手・発表が活発」かつ「考えるべきところでは深い沈黙が存在」「全生徒が自分の考え・感想を記せる」というレベルに達することが理想であろう。ならば推進側は「どの教師もある一定の水準をクリアしなければならないハードル」を設けたい。ではそのハードルは誰が，どのように提示するべきなのだろうか。

　ここで問いたいのは，「それが道徳教育推進教師の役割である」という回答だけでよいのか，という点である。道徳教育推進教師が，例えば「授業準備チェックリスト」「授業実践上のQ&A」を提示することに問題はない。それらは本校でも導入し，成果を上げることができた。

【若手も自信をもって道徳の授業実践】

しかしそれのみでは，上意下達のシステムが強化されるだけではないだろうか。個々の教師が自ら「他の教師と足並みをそろえよう」「同僚の実践とのつながりの中で自分の実践上の役割はここだ」「自分の授業を公開してより多くの同僚から指導を受けたい」と感じられるようなシステムは構築できないだろうか。つまり指導案検討や話し合いを通じた同僚との関係性の中で，教師それぞれが自分に欠けている部分に気付き，授業実践の質の向上に取り組みたくなるようなシステムづくり，授業観や経験を述べることで指導案検討や授業づくりにおいて同僚が自分の影響を受けて大きく成長する姿を目の当たりにできるようなシ

121

ステムづくりこそが道徳教育推進教師の役割ではないか，と言いたいのである。
　その一つの回答がジグソー・メソッドにある。4クラス単位のカウンターパート学級で道徳を行ったすぐ後に，ジグソー学級で道徳に関連する内容の話し合い活動を行う。その一実践の指導案検討を振り返って，その意味を確認したい。
(2)　2年生ジグソー学習「働くこととは何だろう」の指導案検討会の抄録
　表1は2年生を例として，ジグソー学習を実践した4クラスの担任の属性（特徴・個性）である。

【表1　ジグソー学習担当教師の属性】

組	教師名	性別	年代	経験年数	担当教科
1	A	女性	20代	5年	保健体育
2	B	男性	30代	2年	英語
3	C	男性	40代	18年	数学
4	D	男性	20代	4年	理科

　11月の職場体験学習を終えて，総合的な学習の時間としてのまとめが併行して進んでいる時期の実践である。道徳の時間では自分が体験した職場・職業以外へも視野を広げること，話し合い活動では職場体験学習によって学校の外の仕事へと向きすぎた目を学級内の日常の仕事に対する自分の取組を振り返らせること，をねらいとして計画した。
　表2はカウンターパート学級での授業についてである。

【表2　ジグソー学習「働くこととはなんだろう」カウンターパート学級道徳資料・内容項目一覧】

組	道徳資料名	出典	内容項目
1	自然な笑顔のままで	「かけがえのないきみだから　中学生の道徳1年」2006，学研	3-(1)生命尊重
2	茶碗開眼	「生きる力　2年」大阪書籍	2-(5)謙虚・広い心
3	ニートしようぜ	「中学校道徳　自作資料集 No.2」笠井善亮，2007，明治図書	1-(5)自己実現
4	金閣再建　黄金天井に挑む	「中学道徳1　明日をひらく」2005，東京書籍	1-(2)強い意志

　これらを別々に学んだ生徒が自分の教室に戻って，4人班が集まったジグソー学級を形成して学級活動を行う。表3は授業の概要である。1回の2時間連続のジグソー学習で道徳4，学級活動1の計5つの指導案が必要となる。

【表3　ジグソー学習「働くこととは何だろう」ジグソー学級・学級活動の概要】

題材	働くこととは何だろう
内容	(3)　学業と進路　　ア　学ぶことと働くことの意義の理解
本時の目標	(1)　自分が学んだことや意見を仲間に伝えるとともに，仲間の意見を聞いたり質問したりすることで，学級の一員としてよりよい人間関係を築こうとする実践的な態度をとることができる。 (2)　働くことの意義についての話し合い活動を通じて，社会の中での自分の生き方や自己をどのように生かすかについて考えることができる。
評価	(1)　話し合い活動に参加することで自分の意見に手を加えながら，仲間と協調して思考を深めたり，結論を得たりしようとする態度がとれたか。 (2)　学級係や委員会として働くことで，学級や学校という社会とどのようなつながりをもちたいか，自分の考えをまとめることができたか。

　指導案検討会は，資料候補の選定の段階を除いて大小計3回を要した。その中で教師Cは最も年齢，経験年数が高いが，これまで道徳の授業への取組は必ずしも意欲的とはいえなかった。しかし他の3名の経験年数が大幅に少ないことから，指導案検討会ではリーダーシップをとるのはもちろんのこと，重要な視点を提示し続けた。例えば1組の道徳の内容項目が「生命尊重」であることを意識して指導案がつくられておらず，次の学級活動を意識しすぎて「勤労・奉仕」に引っぱられた発問になってしまっている点，仕事や働くことを前向きに捉えた資料が多いので逆の態度の登場人物の資料があると次時の学級活動に広がりが出る可能性がある点などである。前者については「学級活動の題材とは無関係に，道徳の授業は道徳の授業として完結，完成していなくてはならない」という，ジグソー学習実践上の特質にかかわる指摘である。これはベテランならではの気付きである。また彼は，後者にかかわって実際に「ニートしようぜ」を担当し，効果的な発問を提案していた。

　長く続く指導案検討会でも，教師Cは毎回意見を提出し，創造的な場を楽しんでいた。他の若手もその雰囲気から，研究全体会などではなかなか言い出せない質問や意見を次々と出すことができた。もしこの役割を道徳教育推進教師が担っていたとすれば，担任自らが「何とかしよう」とか「ここではリーダーシップをとらなくては」などと考えたりはしなかったかもしれない。それは，教師Cが長い教職経験で何度も職場体験学習のまとめの指導を行ったり，進路指導を何年もこなしたりしたことも関係していると考えられる。彼は生徒が職

場体験学習を通じてどのような感想をもつ傾向があるかや，卒業後にフリーターになったり引き込もってしまったりする生徒の傾向などを豊かに語り，検討会で考える材料を提示していた。

　この結果，教師Aは，1年生用の資料ではあるが，自分の希望の資料で伸び伸びと授業をし，教師Bは導入にこだわって検討会で出されたアイディアを実践し，教師Dは資料の登場人物の妙技にほれこんで実際に金閣寺を見に行ってから授業を行った。こうした輪が，各学年のジグソー学習担当の4名ごとにできていった。大規模校で道徳教育推進教師一人がどんなに個別指導を行ったとしても，こうした教師同士が学び合う場・システムにはかなわないように思われる。これに加え，何らかの形で自分の息のかかった指導案が1回に4つも自分のものになるというのは，教師にとって大きな魅力がある。「道徳の授業ができない」ということは「知っている資料が少ない」ということでもある。

3　教師も生徒も道徳をきちんと行うことで話し合い活動が成立する構造

(1)　教師の「きちんと」

　ジグソー学習において，教師にとっての「きちんと」には特別な意味が込もる。道徳の授業の基礎・基本は当然なのだが，さらに生徒たちの4分の1ずつが別の学級の生徒であり，本音を出させるどころか探り合いの雰囲気を打破する授業力が教師には求められるのである。自ずと工夫や挑戦が不可欠となり，他の教師への相談や授業の見せ合いが始まる。このことも担当教科に関係ない道徳を中心としたジグソー学習ならでは，であろう。道徳教育推進教師には，教師4人の中のリーダーが力を発揮できるように環境を整えること，若い教師には指導案検討会で学ぶべきことをあらかじめ示すなどして，教師間の学び合いを促進することが求められる。

(2)　生徒の「きちんと」

　生徒にとっての「きちんと」とは，例えば，前時の道徳の授業で学んだことを次の学級活動で班の仲間に毎回言葉で説明できなくてはならないことを意味する。一斉授業の場合，生徒は内容を理解できていなくても黙ってさえいれ

ば，教師にも仲間にもそのことは知られずにすむ。しかしどんな生徒にも，語る機会が幅広く与えられる。話すのが苦手な生徒にとってはかなりの抵抗があるが，これほど人間関係形成能力を高める時間もそう多くはない。そこでその貴重な時間を活用すべく，全生徒が話そうという意欲を高められる手立てが必要である。様々な試みの一つとして最後にフリップを紹介したい。

【フリップを使い道徳で学んだことを語る】

　初期のジグソー学習の学級活動の中で，ある生徒たちは学んだことを班員に伝える時間にそれぞれの道徳の資料の回し読みを始めたのである。このことは話すのが苦手な生徒に対する支援がなかった点を反省させた。そこでフリップに書いてある項目について生徒が説明することで，「資料を通じて何を学んだか」を話すようになり，話すのが苦手な生徒も話すきっかけを得ていた。こうして生徒のジグソー学習への抵抗が取り除かれ，生徒が自ら，「上手に説明できるように授業をもっとがんばろう」と前向きな気持ちをもつようになった。

（岡崎市立矢作北中学校　天野幸輔（道徳教育推進教師））

【参考文献】　エリオット・アロンソン他著，松山安雄訳(1986)『ジグソー学級』原書房

───── ◯ 悩み，喜び，四方山話 ◯ ─────

　いじめ，不登校等，他校でも抱える問題は本校でも例外ではない。私たちは，これらの問題の解決を目指し，研究実践を進めてきた。その成果として，不登校が減少し始め，次のような生徒の変化や変容が見受けられた。
- 生徒たちのいじめに対する自浄力が高まり，年度末に学校裏サイトが立ち上がりかけたときには，「こんなことしたらだめだよ」という書き込みがなされ，大事に至らなかった。
- 学校評価の「本校は明るい雰囲気がある」の質問に，生徒の好意的な回答が平成19年度末の86％から平成20年度末には91％に増えた。
- 班での話し合い活動を通し，自分の意見を言う機会が増え，友人に対し，温かく接する生徒や，教師の言葉によく耳を傾ける生徒が増えてきた。

（岡崎市立矢作北中学校　前校長　現・愛知県教育委員会　柵木智幸）

取組の実際
中学校
4

義務教育9年間を見通して，道徳教育にみんなで取り組む

和歌山県有田市立保田中学校

本校の注目ポイント

1. 小・中学校連携による道徳教育の諸計画の作成
2. 学校教育全体で取り組む道徳教育の推進
3. 学校・家庭・地域の相互理解の推進

学校の様子

　有田市の中央には有田川が東西に流れ，その両岸には有田みかんを産するみかん畑が広がっている。保田地区は，主として農業を中心として発展してきた。また，地域に根ざした蚊取線香産業が盛んであり，現在も，いくつかの工場で蚊取線香が作られている。金鳥（大日本除虫菊株式会社）の創業者は保田地区出身である。

【本校と周辺地域】

　本校は，現在，197名（男子94名，女子103名）の生徒たちが学んでおり，生徒たちは，ほぼ全員が，同じ保育所・同じ小学校・同じ中学校で学んできている。素朴で明るく，とても人なつっこく，多くの生徒が，与えられたことに，真面目に取り組み，充実した学校生活を送ろうとしている。

こんな道徳教育を進めたい

　保田小・中学校は，平成17年度より「小中一貫教育モデル校」の研究指定を受け，教科指導に重点をおき，確かな学力の充実に力を入れてきた。この実践研究は一定の成果を上げたが，その過程で，児童生徒の実態として，規範意識

が低いこと，自尊感情が乏しいこと，集団活動を通した社会性の育成が不十分なことなど，道徳性にかかわる課題が明らかとなってきた。そこで，平成20年度より，文部科学省「道徳教育実践研究事業推進校」の研究指定を受け，児童生徒に，人格の基盤としての道徳性をはぐくむ取組を進めることとした。

　本校の道徳教育の実践研究は「道徳の時間の充実」「児童生徒の発達段階を考慮した道徳教育」「学校教育全体で取り組む道徳教育」「家庭・地域との相互理解の推進」の4点を柱としている。校長の方針のもと，道徳教育推進教師を中心に，義務教育9年間の児童生徒の発達段階を考慮し，各教科・特別活動・総合的な学習の時間と道徳の時間との関連を図りながら，小・中学校の全教職員が一体となって取り組む道徳教育を進めたいと考えた。

みんなで取り組むために

　本校では，特に，道徳の時間の充実に向けて，小・中全教職員の意思疎通を図ってきた。学年部会や期別研究協議(小・中学校を3期に分けて取り組んでいる)で研修を重ね，9年間の発達の段階を考慮しつつ児童生徒の道徳性を把握し，資料の選択と分析に力を入れ，ねらいをしっかりと考えて，1時間の学習過程を工夫するようにした。小・中全教職員が，児童生徒が心待ちにする魅力ある道徳の時間への改善を意識することにより，児童生徒の道徳性が高まり，人間としての生き方の自覚を深めることができるように考えてきた。

　道徳教育推進教師は，道徳の時間の充実に向けて，小・中学校全教職員間をつなぎ，各教科・総合的な学習の時間・特別活動と道徳の時間をつなぎ，家庭・地域と学校とをつないできた。9年間の見通しをもって，みんなで取り組む道徳教育を目指して，様々な場面で"つなぎ"を意識しながら，コーディネーターとしての役割を果たす取組を進めてきた。

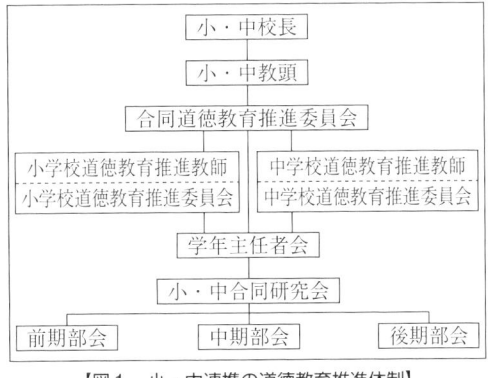

【図1　小・中連携の道徳教育推進体制】

取組の実際

1 小・中学校連携による道徳教育の諸計画の作成

(1) 9年間を見通して全体計画・年間指導計画を改善

　本校では、小・中学校ともに、教務主任が道徳教育推進教師を兼任している。このことは、校長が、学校教育全体を通じて、本気で道徳教育に取り組もうとする強い意志の表れである。保田小学校には29名、保田中学校には20名の教職員がいる。「小学校と中学校では文化が違う」とよく言われるが、小・中学校の全教職員が、学校間の垣根をこえて、それぞれの役割を理解し、9年間の児童生徒の成長を支えていくために、小・中連携した取組を進めてきた。この連携の充実を図るため、小・中学校の道徳教育推進教師は、日頃から校長や教頭と協議を重ね、学校教育全体で取り組む道徳教育の方向性を示してきた。また、既存の研究推進体制を活用し、「どの部会で、どの内容を検討すればよいのか」を常に考え、教師間の縦と横のつながりを意識しながら、必要な部会を開き、小・中連携して取り組む道徳教育の充実について話し合ってきた。

　まず、道徳教育の全体計画の改善については、道徳教育推進教師が中心となり、研究主任者会で協議を重ね、小・中学校それぞれで別々に作成していた全体計画を一つにまとめる取組を行った。重点目標を、児童生徒の発達の段階を考慮しつつ、系統立てて設定することや、道徳の時間の指導方針について、小・中学校

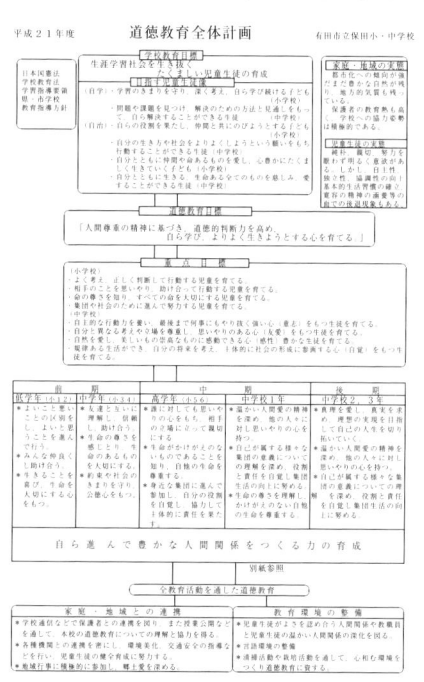

【図2　道徳教育全体計画】

のつながりをもたせることを考えた。また，家庭・地域との連携や教育環境の整備について小・中学校で統一して内容を示した。この取組により，学校として９年間の一貫した道徳教育の展開が可能となった。

また，道徳の時間の年間指導計画を見直す際には，学年主任者会で協議を重ね，学校段階間，異校種間の内容項目の発展性や系統性を踏まえ，資料を選び，指導時期を考えた。特に，児童生徒の道徳性に関する課題克服を目指し，各学年の重点内容項目につながりをもたせた。道徳教育推進教師としては，各学年をつなぐことにむずかしさを感じたが，児童生徒の課題であった「集団活動を通した社会性の育成」について，関係する内容項目の指導時間数を増やし，各学年において，一定の期間をおいて繰り返し取り上げることを小・中学校とも共通理解した。

⑵　小・中全教職員が一体となって全体計画別様を作成

児童生徒は学校内外の様々な体験活動を通じて道徳性をはぐくんでいる。本校では，体験活動での学びを，道徳の時間で《補充》《深化》《統合》することを意識して道徳教育に取り組んできた。

全体計画別様の作成では，道徳教育推進教師が，各担当者と協議し，体験活動等の目的と内容を十分検証した。そして，小・中９年間の学年間のつながりと，道徳の時間との関連を考慮し，自校の実践に即した全体計画別様となるよう作成した。また，教科主任や学年主任と連携し，各教科等の道徳教育にかかわる内容と実施

中学校　3年　指導の内容および時期（全体計画別様）　重点内容項目
※真理を愛し，真実を求め，理想の実現を目指して自己の人生を切り拓いていく。　1－(4)
※温かい人間愛の精神を深め，他の人に対し思いやりの心をもつ。　2－(2)
※自己が属する様々な集団の意義についての理解を深め，役割と責任を自覚し集団生活の向上に努める。4－(4)

月	4	5	6	7	9	10	11	12	1	2	3
道徳の時間	遠く遠い夢 1－(2) 島うたの心を伝えたい 4－(8) あなたはすごい力で生まれてきた 3－(1)	M君のこと 2－(4) 100万回生きたねこ 3－(2) カストーディアルに学ぶ 4－(4) がんばりよ健太 4－(6)	ディズニーランドのお子様ランチ 2－(2) ぼくにもこんな「よいところ」がある 1－(5) わき役の力 4－(1) 失敗は自立の母 1－(3)	たとえぼくに明日はなくとも 3－(1) 卒業ドリブル 1－(1)	日本の星 4－(9) 友達関係って… 2－(3) まるごと好きです 2－(5) 星野道夫さんの生き方 1－(4)	たんぽぽ作業所 4－(5) 卒業文集最後の二行 4－(3) 友達関係って… 2－(2) 自見つめて 4－(10)	二通の手紙 4－(1) 社会で必要とされる人になりたい 4－(5) 涙そうそう 1－(5) みんなが働いている 4－(2)	兄からのメッセージ 2－(5) よみがえれ，日本海！ 3－(2) 足袋の季節 3－(3)	[illegible]のうた 1－(4) 温かい心で 4－(3) ごあいさつのすすめ 2－(1)	「運命」との出会い 1－(3) 手紙 2－(6) ミスター・ナイン 1－(2) V6をめざして 4－(7)	父からの手紙 4－(6) あふれる愛 2－(2)
年間を通しての活動	清掃活動 4－(5)・4－(7)　班活動 4－(4)　朝読書 1－(5)										
主な学級活動	クラス目標の設定 班の活動内容を確立	グループ活動の実践	仲間と協力する大切さの理解とそれに関わる意欲の育成	夏休みへ向けての成果と課題の確認	生活リズムを戻し，集団内の仲間意識を深める支援	クラス活動における個々の活動とその充実のための支援	集団と個々との関わりを通して達成感や満足感を得るための支援	冬休みへ向けての成果と課題の確認	昨年の学校生活を通して，自分を振り返る	卒業に向けての目標設定	1年間を振り返り，自分の成長と課題をふまえて来年度の目標を設定する
特別活動			生徒総会 4－(3) 意見発表会 2－(5)	修学旅行に向けて 4－(4)	修学旅行 4－(4) 体育祭に向けて 2－(3) 4－(4)	体育祭に向けて 2－(3) 4－(4)				卒業に向けて 4－(7)	卒業に向けて 4－(7)
総合的な学習の時間			学校を良くするボランティア活動 4－(5) 4－(7)	「修学旅行に向けて」 3－(2) 4－(9) 学校を良くするボランティア活動 4－(5) 4－(7)	修学旅行のまとめ 3－(2) 4－(4) 学校を良くするボランティア活動 4－(5) 4－(7)	進路選択に向けて 1－(2) 1－(4) 1－(5) 観光留学生との交流 2－(5) 4－(10) 高齢者体験 2－(2) 2－(5) 低学年と一緒に遊ぶ体験 2－(2) 2－(5)					
各教科　国語	「わたしを束ねないで」 1－(5)	「握手」 2－(2)	「助詞と助動詞」 4－(9)	「俳句の可能性」 4－(9)	「故郷」 3－(3)	「古今和歌集仮名序」「君待つと」「夏草」「学びて時にこれを習ふ」 4－(9)		「生き物として生きる」 3－(1)	「[illegible]」 1－(2)	「アラスカとの出会い」 3－(2) 「温かいスープ」 2－(3)	
各教科　社会	「わたしたちの生活と現在社会」 4－(1) 4－(10)	「個人の尊重と日本国憲法」 4－(1) 4－(2) 4－(5) 4－(6)	「個人の尊重と日本国憲法」 4－(1) 4－(2) 4－(3) 4－(5) 4－(6) 4－(10)	「国民主権と日本の政治」 4－(1) 4－(2) 4－(8)	「国民主権と日本の政治」 4－(1) 4－(2) 4－(6)	「国民主権と日本の政治」 4－(1) 4－(2) 4－(8)	「わたしたちの生活と経済」 1－(1) 3－(2) 4－(1)	「わたしたちの生活と経済」 1－(1) 3－(2) 4－(1)	「わたしたちの生活と経済」 1－(1) 3－(2) 4－(1)	「現代の国際社会」 1－(4) 2－(2) 3－(2) 4－(9) 4－(10)	「現代の国際社会」 1－(4) 2－(2) 3－(2) 4－(9) 4－(10)
各教科　数学			「平方根」 2－(5)			「関数 $y=ax^2$」 2－(5)					
各教科　理科	細胞と生物の成長 3－(1)	生物のふえ方 3－(1)	速さと運動の調べ方，力と運動 1－(4)	力学的エネルギー，いろいろなエネルギーとその移り変わり 1－	化学変化とエネルギー，金属資源と酸素の化学変化 1－(4)	地球と太陽 3－(2)	地球と太陽 3－(2)	宇宙の中の太陽系 3－(2)	生物どうしのつながり，自然と環境 3－(2)	エネルギー資源 3－(2)	科学技術とわたしたちの生活 4－(4)，1－(4)
各教科　音楽	「音楽史」 4－(9)		「世界の音楽」 4－(10)	「雅楽」「和太鼓体験」 4－(9)		「文化祭に向けての練習」 2－(3)	「文化祭に向けての練習」 2－(3)		「バレエの名曲を聴こう」 4－(10)	「卒業式に向けての練習」 4－(7)	「卒業式に向けての練習」 4－(7)
各教科　美術						「篆刻」 1－(5)	「篆刻」 1－(5)	「篆刻」 1－(5)		「卒業メッセージカード」 4－(7)	
各教科　保健体育	「集団行動」 4－(4) 「体ほぐしの運動」 2－(2)	「健康な生活と病気の予防」 1－(1)	「健康な生活と病気の予防」 1－(2)	「水泳」 3－(1)	「体育大会に向けて」 2－(3)		「長距離走」 1－(2)		「球技（選択）」 1－(5)	「球技（選択）」 1－(5)	「球技（選択）」 1－(5)
各教科　技術・家庭			幼児の心身の発達の特徴を知ろう 3－(1)			子どもにとっての家族を考えよう 4－(6)		幼児とのかかわり方を工夫しよう 2－(2)			
各教科　英語	U1 Let's Learn Braille 2－(2)		U3 Our Sister in Nepal 4－(10)		SP「食卓で」 2－(1)	U5 Cell Phones For or Against? 1－(1)		LR Family Rules 4－(6)		LR The Fall of Freddie the Leaf 3－(1)	

【図３　道徳教育全体計画別様】

時期を,道徳の時間と関連させながら示すように工夫した。

特に苦労したことは,体験活動と道徳の時間との関連が時系列で分かるように作成することであった。体験活動での学びを道徳の時間のどの内容項目と関連させればよいのか,学年主任と話し合いを重ねた。この取組によって,学校教育全体で取り組む道徳教育について具体的に考えることができた。

2　学校教育全体で取り組む道徳教育の推進

(1) 道徳の時間の充実に向けて

小・中学校の全教員で,道徳教育推進教師が行う研究授業を参観する取組を行った。道徳教育推進教師は,共通認識をもって,道徳の時間の充実に取り組むため,また,学校としての方向性と授業改善に向けての視点を明らかにするため,学習指導案の検討を重ね,研究授業を行った。特に,小・中学校で指導案の様式を統一することにより,全教員で同じ視点をもって授業研究に取り組むことができ,研究協議も充実するようになった。

この共通認識をもって,本校では,各学級担任が,年2回ずつ公開授業を行うこととし,年2回の指導訪問時には,各学年・各期別で指導案の検討を重ね,授業後に,道徳教育に見識の深い先生方にご指導いただいた。また,日頃から,小・中学校で互いに授業を公開し合ったり,中期部会(小学校5・6年,中学校1年)では合同で授業研究に取り組んだりした。

(2) 道徳の時間と体験活動等との関連を考えて

道徳教育の充実に努める過程で,本校では,道徳の時間の中で,児童生徒が道徳的価値の自覚を深めたとしても,道徳的実践の場での学びがなければ,本当の意味での道徳性は身に付かないと考えるようになった。そこで,もともと,総合的な学習の時間や特別活動の時間で様々な体験活動を行っていたので,道徳教育推進教師が,各学年で「道徳の時間と体験活動の関連ユニット」を作成して実践研究に取り組むよう提案した。体験活動での学びと道徳の時間での学びが,相互に響き合うことにより,児童生徒の道徳的価値の自覚が深まり,それがより主体的なものになっていくと考えた。

```
5月  道徳の時間
  4-(4) 役割と責任の自覚
    ディズニーランドの掃除スタッフの
  活動から，日頃の清掃活動の中での自
  己の役割と責任を考える。

6月  道徳の時間
  2-(2) 思いやりの心をもつ
    相手の立場に立って行動することの
  よさに気付き，思いやりの心をもって
  生活しようとする心情を育てる。

6月  道徳の時間
  4-(4) 集団生活の向上
    集団における自らの役割と責任を果
  たして，集団生活の向上に努めようと
  する態度を育てる。
```

役割と責任の自覚・集団生活の向上

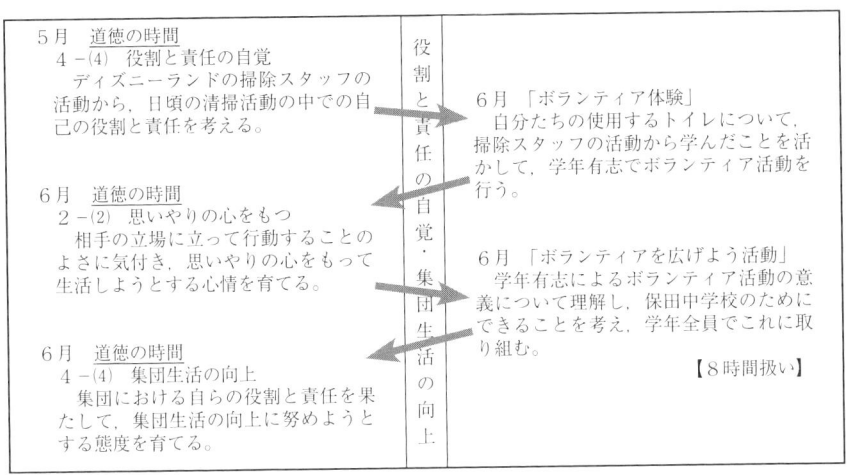

6月 「ボランティア体験」
  自分たちの使用するトイレについて，掃除スタッフの活動から学んだことを活かして，学年有志でボランティア活動を行う。

6月 「ボランティアを広げよう活動」
  学年有志によるボランティア活動の意義について理解し，保田中学校のためにできることを考え，学年全員でこれに取り組む。
【8時間扱い】

【図4　中学校3年生　道徳の時間と体験活動関連ユニット】

　この実践に取り組む中で，児童生徒が，体験活動の中で学んだことを，道徳の時間の考え合いで出し合うことが少ないことが課題となった。そこで，研究主任者会で検討を重ね，相互に響き合わせることを意識して，体験活動での学びと関連した資料を選び，体験活動から学んだことを出し合えるような発問の工夫を共通認識した。そして，それを繰り返すことで，さらに，道徳的実践力が高まっていくと考え，実践研究に取り組んだ。

3　学校・家庭・地域の相互理解の推進

(1) 地域共育コミュニティ本部との協働実践を通じて

　平成20年度，本校区に，学校・家庭・地域が，子どもを中心に，地域の抱える課題や願いを共有し，協働して解決に取り組む「地域共育コミュニティ本部」が設立された。道徳教育推進教師は，地域共育コミュニティのコーディネーターと協力して，自治会，老人会等，各地域団体に，地域ボランティアとして，児童生徒が行う地域での体験活動に参加いただけるよう働きかけた。
　この働きかけにより，夏休みの登校日に，小学校5・6年生，中学校1年生が地区別縦割班で行っている地域の清掃活動に，100人をこえる地域ボランティアの方々が参加してくださった。共に活動し，共に汗を流すことで，地域の

中で「共に生きる」という思いがふくらむ活動となった。

中学校1年生では、この清掃活動と道徳の時間を関連させ、既述したような「道徳の時間と体験活動の関連ユニット」を作成した。社会生活を営む上で必要となる規律を守り、自らの役割を果たす自覚をもち、集団生活の向上に努める態度を養いたいと考えた。この活動での学びを道徳の時間の考え合いに活かし、友だちとのかかわりの中で、「集団の意義についての理解を深め、役割と責任を自覚し集団生活の向上に努める」という道徳的価値の自覚を深め、地域の中で「よりよく生きたい」という思いをふくらませる取組とした。

【地域共育コミュニティ本部との協働による清掃活動】

このほかにも、道徳教育推進教師が「地域共育コミュニティ本部」と協働し、道徳の時間のゲストティーチャーを探す取組を行っている。豊かな経験を積んだ地域の方々から、直接お話を聞かせていただくことで、児童生徒の道徳的価値の自覚がより一層深まることを期待して取り組んでいる。

(2) 授業公開・学校通信で家庭との相互理解を推進

家庭や地域に対し、学校が行う道徳教育に関心をもっていただき、道徳教育への理解を求め

【授業参観風景】

るために、道徳教育推進教師は、授業公開や学校通信等を活用して、日頃から、家庭・地域との相互理解を進めてきた。本校では、5月の授業参観時に、全学級で道徳の授業を公開している。保護者の方々には、学校が道徳教育に真剣に取り組んでいることを理解していただくとともに、道徳の授業を見ていただくことで、学級の雰囲気や教師と生徒、生徒同士の人間関係の深まりを知ってい

ただく機会としている。また，機会あるごとに，本校の道徳教育についての説明を行い，家庭でも，意識して子どもに道徳心を養うことが必要であることを伝えている。

そして，学校通信や学級通信による広報活動で，家庭との相互理解を深めている。特に，「校長室ブログ」では，道徳教育に関する記事を多く掲載するようにした。道徳の授業後の生徒の感想や授業中の写真を載せるのは当然であるが，教師が研修として参加した講演会の内容や道徳教育に関する本から文章を引用して記事を作成した。家庭・地域の方々に，本校の道徳教育への理解を深めていただくとともに，ご意見・ご感想を学校へ寄せていただき，双方向の意見交換の手段として活用している。

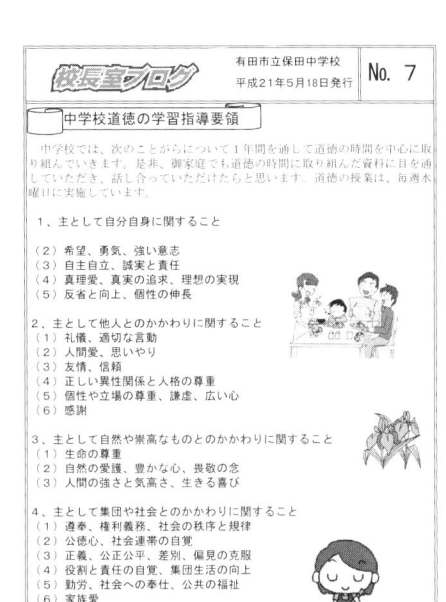

【校長室ブログ（学校通信）】

―― 悩み，喜び，四方山話 ――

今回の改訂によって位置づけられた道徳教育推進教師の役割については，多くの学校で手探り状態であろう。私自身は，教務主任や研究主任，地域共育コミュニティ窓口教員を兼務しながら，道徳教育の実践・研究に取り組んだため，その役割が具体的になった。今，言えることは，道徳教育推進教師の役割とは，まず，道徳の授業時数をしっかりと確保し，道徳の授業の充実のために，自校の先生方にアドバイスできるよう，自身が研鑽に励むことではないかと思う。この原稿を書かせていただいたおかげで，私自身，少し頭の中の整理ができ，自分の役割も再確認できた。ありがとうございました。

（有田市立保田中学校　奥村　裕（道徳教育推進教師））

| 取組の実際 中学校 5 | 道徳教育推進チームを活かして授業力向上を図る |

和歌山県古座川町立明神中学校

本校の注目ポイント

1. 道徳教育推進チームで進める道徳教育
2. 道徳の授業力の向上を目指して進める授業研修
3. 研修体制の充実

学校の様子

和歌山県紀南地方の山あいをぬって流れる清流古座川。天然記念物である高さ100メートル、幅500メートルの巨大な「一枚岩」、柱を突き立てたような「天柱岩」などの巨岩や奇岩が川沿いにそそり立っている。様々な民話や伝説に登場する「滝の拝」、「少女峰」、「ぼたん岩」。本校の春の遠足コースである「植魚の滝」、「張尾の滝」。夏は渓流に色とりどりのカヌーが浮かぶカヌーツーリングの絶好の季節となる。「鮎の友釣り」、珍しい鮎漁の「トントン釣り」、松明の明かりを利用した夏の伝統漁「火振り漁」でも古座川は賑わいを見せる。11月には、平井の里が柚子の香りに包まれる。

【天然記念物である古座川沿いの巨岩】

生徒にとって、古座川は学校と共に大切な生活の場である。古座川ではぐくまれてきた伝統と文化に触れ、ここに住むことの喜び、地域の一員としての自覚をもち、郷土を大切にする心や態度をはぐくんでいる。

生徒数は、現在20名前後である。この小規模校という環境を生かし、担任制と共に相談活動を行う「チューター制」を取り入れ、生徒一人ひとりの理解を

深めている。校長を含めた8人の教師が，チューターとしてそれぞれ2，3人の生徒を1年間担当し，学習や部活動，生活，進路等の悩みについて相談活動を行う。教師と生徒の人間関係を深め，信頼関係を築くよう努めている。生徒は，「ゆっくり細かく聞いてくれるので，自分のことを再確認できる」，「自分のことを見てくれていると感じる」と喜んでいる。

【チューターと生徒との対話】

こんな道徳教育を進めたい

本校の道徳教育目標は，「自己の生き方を見つめ，自他の生命を尊重できる人間性豊かな生徒の育成」である。人間はよりよく生きたいと願っている。道徳教育においてはこの願いに応えるために，生徒と教師が共に考え，共に探求していくことが大切である。道徳教育を学校経営の中核に位置づけ，学校全体での組織的な取組を進める。道徳教育の要として「道徳の時間」は，生徒と教師が，人間のよさを見つめ，人間はどう生きるかを語り合える時間でなければならない。道徳的価値を，①理解する，②自分とのかかわりで捉える，③自分なりに発展させる，ことが重要であり，継続的に指導することが大切である。

みんなで取り組むために

本校教師も道徳教育の必要性を認めていたが，道徳の時間の指導方法で悩んでいた。この前向きな悩みを学校全体で受け止め，道徳教育を同じ方向に向かって進めるために，全教師が力を発揮できる組織体制が必要である。「道徳部会」から道徳の時間の指導方法，計画的な研修等の提案が出された。道徳の時間をどのように構成し，どのように展開するかを全員で考え，ねらい，中心発問等を検討しながら進める協力体制をとった。その中で，道徳教育を推進するコーディネーターとしての「道徳教育推進教師」の役割も大きいものとなった。

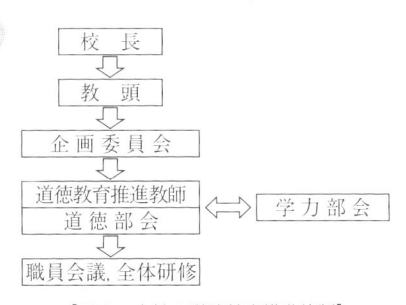

【図1　本校の道徳教育推進体制】
校長 → 教頭 → 企画委員会 → 道徳教育推進教師　道徳部会 ⇔ 学力部会 → 職員会議，全体研修

取組の実際

1 道徳教育推進チームで進める道徳教育

　道徳教育は，校長の方針のもと，道徳教育推進教師を中心に，全教師が協力して取り組むことが大切である。学校が組織体として一体となって道徳教育を進めるために，全教師が力を発揮できる組織体制が必要である。

(1) 道徳部会を生かした組織

　本校には，「確かな学力」の育成のための「学力部会」と，「豊かな心」の育成のための「道徳部会」の二つの組織がある。道徳部会のメンバーは，校長，教頭，道徳教育推進教師，各学年の担当者である。道徳部会を月に2回定例開催し，職員会議で連絡・調整を図り，学校全体の共通理解を常に図っている。

① 道徳の時間の実施，改善のために

　道徳教育の要である道徳の時間が確実に実施され，充実したものになるように，道徳部会がサポートした。道徳教育推進教師のリードで，指導計画（全体計画，年間指導計画，各教科等における重点指導内容項目表）の見直し，検討を道徳部会が行った。普段の道徳の時間の実施はもちろんのこと，小規模校の特性を生かした異学年合同授業，全校道徳の時間に重点的に取り組んでいる。

　年間指導計画をもとにした「道徳の時間達成表」を導入した。毎時間の道徳の時間の実施後，達成表に「日時，ねらい，中心発問，授業者」等の事項を記入している。道徳部会で道徳の時間の実施状況の把握と，次年度の年間指導計画の改善へとつなげている。

(2) 道徳部会で取り組む推進体制

　道徳教育推進教師を中心に，道徳部会で以下のことを検討し，全員の共通理解のもと，全員で取り組む体制をとった。道徳教育推進教師一人に任すのでなく，道徳部会が各教師の道徳教育実践をサポートする役を担っている。

① 指導過程の明確化

　「生徒にとって魅力的な道徳の授業を」という目標で，1時間1時間を大切にした取組を進めてきたが，授業後の反省では，「生徒同士の深め合いがうま

くいかなかった」，「道徳的価値を深めるためにはどうすればよいか」などの声が多く出された。道徳教育推進教師が各教師の疑問，悩みを聞き，道徳部会に提案し，道徳部会で授業の指導過程の明確化を図った。指導過程の明確化を図ることは，教師にとっても生徒たちにとっても，授業の見通しをもつことができ，魅力的な授業になる。道徳の時間のゴール(ねらい)を生徒の意識で考え，そこに至るまでのアプローチ(発問)を考えるという方向で進めた。

導入		気付く	ねらいとする道徳的価値の自覚に向けての動機づけをする。
展開	前段	捉える	資料を中心に，その中の道徳的価値を追求し，把握する。
	後段	見つめる	資料から学んだ価値について，自分自身のこととして捉え直す。
終末		つなげる	価値に対する思いや考えをまとめ，実践への意欲づけをする。

【図2　指導過程の明確化のために】

② 生徒用の道徳ノート

　生徒は自分用の道徳ノートを持っている。生徒は，発問に対する自分の意見や考えを書き，友だちの意見をメモし，授業の終末には振り返りの感想などを書く。授業後に，板書を撮影，印刷して貼りつけ，授業の様子を思い出せる工夫をしている。生徒の書いた感想には，教師が必ずコメントを書き，事後指導や個別指導に役立てている。道徳ノートを家に持ち帰り，保護者に見てもらうことで，道徳の時間の内容や授業中の生徒の考えを知らせることもできる。この道徳ノートを，生徒は3年間継続して使用することで，自分の心の成長を実感できる貴重な財産となっている。また，道徳教育推進教師は，道徳ノートには授業者とともに必ず目を通している。複数の教師が様々な視点で読むことで，生徒の内面を理解し，評価に役立てている。

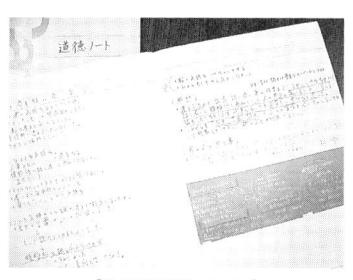

【生徒の道徳ノート】

③ 異学年合同授業

　各学年とも生徒数が少数であり，学年によっては男女数のアンバランスが見られるため，似たような考えや意見になりやすく，話し合いに深まりが出にくいという課題を抱えていた。そこで，小規模校の特性を生かして，異学年での

合同授業を取り入れることにした。多様な意見や異質な考えに出会うことで，生徒自身がさらに自己を振り返り，その道徳性を高めることができるのである。

　道徳教育推進教師を中心に，全教師の参加，協力によって，異学年合同授業を年間指導計画の中に位置づけ，複数回，計画的に実施している。道徳教育推進教師は，指導の時期や場，時間割の調整，授業者(ティーム・ティーチングの役割分担)の調整，学年の発達の段階を考慮した資料提供を行っている。道徳教育推進教師と共に，両担任が資料，学習指導案の内容の検討を通して授業構想を練り，授業もティーム・ティーチングの協力的な指導で進めている。

2　道徳の授業力の向上を目指して進める授業研修

　本校の研究テーマは，「豊かな心をはぐくむ授業の創造を目指して」である。道徳教育の要である道徳の時間の充実を図ることを目的に，授業研修を計画し，指導方法の工夫，授業の改善を図っている。

　道徳教育推進教師は，道徳の時間の指導に対する周りの教師の悩みに答え，道徳教育の実践をサポートしている。道徳教育推進教師に任せきりにするのでなく，全教師が相互にアドバイスする意識も本校にはある。授業研修を通して，教職員間の意思疎通が図られ，同じ意識で取り組むようになり，学校運営にもプラスになっている。

(1)　各教師による年間１回の研究授業の実施

　教師の授業力向上を目的に，全員が年間一人１時間の道徳の研究授業を実施している。研究授業と研究協議を一つのユニットで考え，授業後には必ず協議を実施している。研究授業を参観するだけで終わりとするのでなく，研究協議の場で授業者に質問したり，意見を言ったりすることで，疑問点を解決できたことが多く，教師の指導力向上につながった。

　また，研究授業は近隣の学校にも積極的に公開している。公開を進めることにより，教師が道徳の時間の見方を深め，普段からの授業づくりが充実した。

　これまでに，指導体制，指導時間，指導する場の工夫として，「異学年合同授業，ティームティーチングによる授業，管理職の授業，校長の全校道徳，教

科と関連させた授業，体験学習と関連させた授業，複数時間扱いの授業」の研究授業を実施した。

(2) **互見授業，ミニ研究協議**

　各学級の道徳の時間は，週時程上，別の時間に配置し，互いに道徳の時間を見ることができるようにした。見る方，見られる方にも，道徳の時間の指導の創意工夫が広がり，道徳の授業力の向上につながっている。

　ホワイトボード(後述)に集まり，ねらい，中心発問，終末の在り方等を事前に協議した。互見授業後には，道徳教育推進教師が中心になり，授業内容について自由に発言できるミニ研究協議の場を放課後に設けた。

　道徳教育推進教師は常に，互見授業の効果を語り，実践のサポートを心がけている。また，日頃から職員室で道徳に関するいろいろな話題を出している。お互いの授業を気軽に見ることができる職員室の雰囲気づくりも，道徳教育推進教師の重要な仕事である。

(3) **ホワイトボード（通称「心の扉」）への書き込み**

　校長の「道徳教育は，全教師が協力して取り組むことが大切である」という方針を，道徳教育推進教師が具体化した一例が，職員室に設置したホワイトボードである。名称は道徳部会が考えた。このボードに，授業者は「ねらい，発問，中心発問，振り返り」を書く。「ねらいに迫る発問はこれでいいのか」，「心を問う発問になっているか」などの自由な発言，意見の書き込みを通して，授業者は授業展開のイメージを具体化できる。互見授業に参加する教師も，「まずはここを見てから」といった明確な目的をもち授業に臨んでいる。放課後の研究協議を待ち切れず，授業後すぐこのボードを見ながら話し合いを始めることもある。道徳の話題が出やすい職員室の雰囲気づくりに役立ち，全職員で推進する体制を構築する上で大きな効果があった。

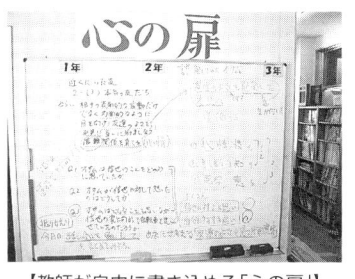

【教師が自由に書き込める「心の扉」】

(4) 校長による授業

　校長による道徳の授業を，校内授業研修として年間の研修計画の中に位置づけた。同じ週に，同じ教材を使って1，2，3年の各学年で行い，翌週には前週と関連させた2時間連続扱い授業として，全学年合同の全校授業を行った。

　校長が率先して道徳の授業に取り組むことで，「道徳の時間を要として学校全体で道徳教育を推進する」ことを，より全員のものとして捉えることができるのである。道徳教育を，全教職員が主体的に，協力的に進めていく上で大きな意義があり，授業を通して，道徳教育への思いを伝えることができた。

3　研修体制の充実

　充実した研修を進めるため，次のような研修体制をとった。

(1) 学年初めの研修

　新年度初めに，本校の道徳教育の方針を再確認することと，異動してきた教師に説明することが必要である。「本校の道徳教育の目標は何か，道徳の時間の目標は何か，具体的な取組内容」等の説明を道徳教育推進教師が行った。

- 道徳教育目標，各学年重点指導内容項目
- 指導計画（全体計画，年間指導計画，各教科等における重点指導内容項目）
- 指導方法の工夫（指導過程の明確化，道徳ノート）
- 指導体制の工夫（ティームティーチング，管理職による授業）
- 指導時間の工夫（複数時間扱い，他教科等との関連を図った指導）
- 指導する場の工夫（異学年合同授業，全校道徳，机をコの字型）

などについて，共通理解を図った。

(2) 年間研修計画の作成

　東牟婁郡，和歌山県，近畿地方，全国の先進校の研究発表会，研究会への積極的な参加を計画した。そのため道徳教育推進教師は，開催情報の収集と紹介を心がけている。各教師が郡内1回，県内1回への参加を基本に，道徳教育推進教師が参加先，日時等を調整し，道徳部会が「年間研修計画」を作成した。参加後に，研修で得た事項を伝える校内研修の場を設け共通理解を図っている。

(3) 様々な研修の場（外に開き他校に広める研修）の充実
① 公開研究会の実施
　先述のように，研究授業の実施時には，町内外の学校に参加を呼びかけ，必ず研究協議を行っている。公開研究会を積み重ねていく中で，協議の場での他校の先生の意見や，県・郡の指導主事の指導・助言により，導入の工夫，発問の工夫，板書の工夫等の指導方法の工夫がなされ，各教職員の指導力の向上が図られるようになった。
② 道徳の示範授業
　講師を迎え「道徳の示範授業」を実施，公開した。講師の道徳の時間の指導を間近に見て，聞いて，感じることができる研修であった。
③ 指導案づくりの講習会
　講師を迎え「指導案づくりの講習会」を実施，公開した。グループに分かれて，資料をもとに中心発問を検討し，まとめの発表を行った。近隣の先生と道徳教育への思い，指導の在り方を話すことができ，共に学ぶことができる研修であった。

【指導案づくり講習会の様子】

　道徳教育推進教師が，本校の研修をもとに道徳の授業の実施を，研修参加者に呼びかけた。自校で授業を実施した教師から，生徒の感想が道徳教育推進教師に届けられ，道徳教育推進教師間のネットワークづくりに役立った。

──── ◯ 悩み，喜び，四方山話 ◯ ────

「道徳教育推進教師がいて助かったこと」「こんなアドバイスがあった」を職員に聞いた。すると，困ったときの相談役，悩んだときの相談役，ねらいと違う発問になっていることの指摘，「心の扉」でのアドバイス，読み物資料と映像資料の紹介，研修会への参加と取組の紹介，指導案の蓄積，各学年の実践の確認，授業の公開，授業を参観する観点，保護者参加の授業の実践，職員室での旗振り役，牽引車，などが寄せられた。道徳教育を推進する上で，「トップダウン」と「ボトムアップ」の運営の参考になる道徳教育推進教師の役割ではなかろうか。

（古座川町立明神中学校　汐﨑利勝（校長））

取組の実際	
中学校 6	道徳の時間や教科等で 道徳教育にいきいきと取り組む

島根県益田市立中西中学校

本校の注目ポイント

1. 多様な道徳授業の推進役としての道徳教育推進教師
2. 教科の枠をこえて取り組む心の教育
3. 道徳的な実践に向けて既存の生徒会組織を生かす

学 校 の 様 子

本校は，益田市の西部にあり全校生徒80名ほどの小規模校である。広い校区には，空の玄関ともいえる「萩・石見空港」と，臨空ファクトリーパーク（工業団地），パイロットファーム（大規模開拓農地）がある。

【本校の正面玄関】

また，近くには万葉の歌人柿本人麻呂が「石見の海　打歌の山の木の間より　我が振る袖を　妹見つらんか」と詠んだ打歌山と，全国棚田百選に選ばれた中垣内の棚田が広がっている。

生徒はきわめて純朴であり，ここ数年は不登校生徒や不適応生徒はいない。しかし，生徒数の減少から部活動などに影響が出始めている。

こんな道徳教育を進めたい

中学校において，「学習」と「部活動」は特に大切な両輪であり，バランスよく行われる必要がある。そして重要なのが，この両輪をつなぐ「道徳」を中心にした心の教育である。まさに，心棒といってもいい。両輪を大きくするとともに，心棒を強く太くしていくことを職員・生徒に意識させ，全校体制で道

徳教育に取り組んでいくことを確認した。

みんなで取り組むために

　中学校での研究推進を阻む要因の一つに,「教科主義」がある。お互いの教科のことについては関知しないという暗黙のルールがあり,様々な分掌や事務等も教科の発想で処理される傾向が強い。そのために,全校体制で取り組もうという面が弱く,それぞれ独自のやり方に任されていることが多い。

　こういった面を克服し,道徳教育を全校で推進していくために,まず道徳教育推進教師を位置づけた。ただ独立したポストとはせず,2年の学級担任と生活委員会担当を兼務させることで,無理なく実践できる体制にした。また,道徳教育の推進に当たっては,次の3点に力を入れて全校で取り組んでいくようにした。

　① 多様な道徳の授業になるように工夫と改善を加えること。
　② 各教科等の枠をこえ,道徳のテーマにそった授業を工夫すること。
　③ 道徳的な実践に向けて,生徒の主体的な活動を推進すること。

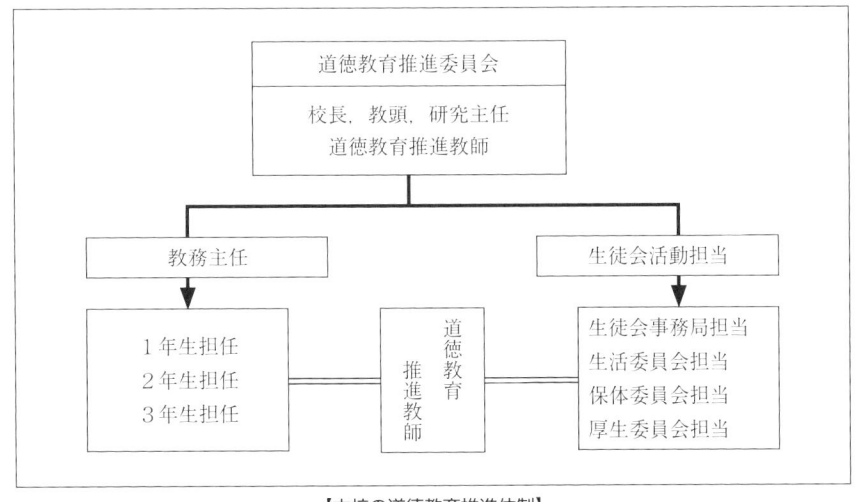

```
                道徳教育推進委員会
              校長,教頭,研究主任
              道徳教育推進教師
         ┌──────────┴──────────┐
      教務主任              生徒会活動担当
         ↓                      ↓
    ┌─────────┐  道徳   ┌─────────────┐
    │1年生担任│  教育   │生徒会事務局担当│
    │2年生担任│  推進   │生活委員会担当  │
    │3年生担任│  教師   │保体委員会担当  │
    └─────────┘        │厚生委員会担当  │
                         └─────────────┘
```

【本校の道徳教育推進体制】

取組の実際

1 多様な道徳授業の推進役としての道徳教育推進教師

　日々の道徳授業は，ともすればマンネリ化し新鮮味に欠けてしまう。それを打破するため，興味を引く資料を準備したり，多様な展開を工夫したりすることが求められる。そこで，道徳教育推進教師が自作資料をもとにした授業や，マンガを資料に使った授業を実践することで，魅力ある道徳授業の推進役を果すようにした。

(1) 「生命の尊重」 3－(1)

　　資料名「ヤスのシューズバッグ」（自作資料）

　若くして亡くなった親友のことを自作資料にして，生徒に生命の大切さを伝えたいという強い気持ちで授業に臨んだ。資料の概要は次のとおりである。

> 　高校のときからの親友「ヤス」がすい臓がんに冒され，お見舞いに行った「私」は，変わり果てた病身の友を見てかける言葉がない。二人きりになったとき，ヤスのお母さんが私に出してくれた缶コーヒーを，ヤスが「それ，くれんか」と言うので，「一口だけだぞ」と言って，そっと飲ましてあげる。「あーうまい」とヤスは言ったけど，他に交わす言葉もなく，私は病院を後にする。
> 　その2週間後，ヤスは34歳という若さで息を引き取った。半年後，私は転勤の片付けをしているとき「Y・S」と書かれたシューズバッグを見つける。それは高校卒業のとき，ヤスが私にくれたシューズバッグだった。私はヤスが何かを託しているように思えて，そのシューズバッグを強く握り締めた。

　この資料を読んで聞かせた後，「私」の気持ちを考えさせた。そして，この資料に出てくる「私」は担任自身，「ヤス」は無二の親友であり，実際の話であることを知らせる。さらに授業の最後で，親友のお母さんから生徒宛に書かれた手紙を紹介した。その手紙には，若くして息子を亡くした母親のつらい気持ちと共に，皆さんには強く生き抜いて欲しいという熱いメッセージが込められていた。

　授業後の生徒の感想には次のようなものがあった。

- 「先生がシューズバッグを出したときはすごくびっくりした。それを見たとき涙があふれてきそうでした。それに命ってすごく大切だし，ひとつし

かないものだから，今まで以上に大切にしたくなりました。」
- 「今まで命について考えてきた意味が分かった気がします。命がどれだけ大切か，生きたくても生きられない人の気持ちを考えたら，これから私が生きていく人生を無駄にはできないと思った。」
- 「お母さんからの手紙を聞いているとき，涙が出てきました。お母さんはすごい人だなあと思いました。言葉にできないくらいのことをこの1時間の授業で教わったような気がします。」

(2) 「心の弱さ・醜さの克服」 3-(3)

　　資料名 「ぼくよりダメなやつがきた」(コミック『ドラえもん』(小学館)より)

　この授業を構想した道徳教育推進教師は，ドラえもんのもつ魅力で生徒を引き込み，主人公の言動や気持ちを考えさせたいという意図があった。漫画をスクリーンに映し出しながら，せりふを読んで聞かせるといった工夫もみられ，生徒は自然と授業に引き込まれていった。あらすじは次のとおりである。

> のび太より何をやってもダメな「多目くん」が転校してきた。宿題は自分の方ができるし，かけっこも自分の方が速いのび太はうれしくて仕方がない。ある日，ジャイアンから野球に誘われたのび太は，自分の代わりに多目くんを推薦してその場をしのぐ。そんなのび太を見て，ドラえもんは道具を出し，のび太に自分のしてきたことに気付かせる。のび太は野球の様子が気になり見に行ってみると，ジャイアンに責められる多目くんがいた。のび太は迷いながらもドラえもんに頼らず，自ら多目くんをかばい殴られてしまう。やられて帰ってきたのび太を見て，ドラえもんは「よく殴られた」と褒める。再び転校していく多目くんにお礼を言われ，のび太は恥ずかしさを感じる。

この授業での主な発問と展開は次のとおりである。
① 「のび太が多目くんと一緒にいるとき，うれしそうなのはどうしてだろう」
② 「みんなものび太と同じ気持ちになったことはないか思い出そう」
　この①，②の発問で，誰もがもつ「心の弱さや醜さ」にまず気付かせる。
③ のび太が多目くんにしたことをドラえもんからビデオで見せられ，「『もういい。見たくない。やめてくれ！』と言ったとき，のび太はどんなことを考えているのだろう」と発問した。
④ 「多目くんがジャイアンに責められているとき，のび太はどんなことを思っていただろう」と聞き，「助けなければ」という気持ちと，「逃げよ

う」あるいは「ドラえもんに助けてもらおう」という気持ちを対比する。
⑤ 「のび太が殴られて帰って来たとき，ドラえもんは何と言ったのだろう」と発問し，ドラえもんの言葉を空欄にして考えさせた。それに対して，生徒は様々な反応を示していたが，原作では「よく殴られた！」となっていることを伝えると，「おーっ！」という声が上がっていた。原作漫画の特性もあり，終始なごやかな雰囲気の中で，のびのびと発言していたのが印象的であった。

授業後の生徒の感想の一部である。

- 「自分ものび太くんみたいに，『自分の方ができる』のがうれしいと思うことがあります。逆に『自分の方がダメ』なのがくやしいと思うこともあります。だから，のび太くんの気持ちがよく分かります。でも，のび太くんは友だちのために行動しました。自分がしたのはイヤなことだとちゃんとわかるのもいいことですね。」
- 「のび太はなぐられることが嫌なはずなのに，多目くんをかばってなぐられたことは立派な行動だと思いました。最後，多目くんは転校してしまうけど，のび太と別れるのはすごくつらいことだったと思いました。」

このような道徳教育推進教師による多様な題材を生かした授業は，他の教師の大きな刺激となった。映像資料も含めた多彩な資料のもつ可能性と，資料選びの幅を広げることができた。また，道徳教育推進教師が中心となって，授業で扱った内容や生徒の感想などを通信にして発行した。これにより，保護者の関心を高め，職員の意見交換の機会にもなった。

2 教科の枠をこえて取り組む心の教育

中学校で教科の壁は大きいものがあるが，道徳にかかわる共通のテーマを設定することで，各教科においても様々な授業展開が期待できる。道徳教育推進委員会で具体的なテーマを考え，それを道徳教育推進教師が提案し，そのテーマに基づいた授業を各教科等で考えていった。教科の特色を生かしながら，道徳教育推進教師と教科担当者がつくり上げた，「生命」をテーマにした授業と

して次のものがある。
(1) 美　術　　豊かな生命力の表現（鑑賞）
　　「もうひとつのヴィーナス像」
　道徳教育推進教師と美術担当者が「生命」をテーマにした鑑賞領域の授業を構想した。この授業では，二つのヴィーナス像をもとにして，原始の人々が女性像を生命力の象徴としてたくましく豊かに表現していたことを知るのがねらいである。
　授業では，まず有名な「ミロのヴィーナス」の写真を示し，どうしてこのような女神像が作られたのかを考えさせた。その際，この像が紀元前1～2世紀頃に作られ，1820年にエーゲ海のメロス島で発見されたが，大理石で作られており，高さが204cmもあることを説明した。
　次いで，もっと古い時代（3万年前）に作られた「ウィレンドルフのヴィーナス」の写真を示した。これは，石灰石でできており，高さがわずか11cmしかない。この像をスケッチしながら，特徴を書き出させ，発表する中で，強調して作られている部分が，胸，腹，尻であることを確認させた。この授業を通して，生命の誕生が人間にとって最も重要であることを再認識できた。他教科担当者にも大いに参考になったことは以下の感想からもうかがわれる。
- 「二つのヴィーナス像を比較しながら，特徴や強調されている部分を見つけ，そこから女性像のたくましさや生命力に気付かせていくという発想・手法はよかったですね。美術で『生命』を意識し，実践された授業で，『技法』と共に『鑑賞』がいかに大切かということも教えられました。」
- 「美術の『鑑賞』の授業を初めて見させていただきました。女性像に対する抵抗があるかなあと思っていましたが，案外，素直な感想が出ているようでした。美しいものを鑑賞する時間をじっくり取るというのも大切なことであると感じました。」

(2) 3年生　理　科　「生命誕生　～ヒトの有性生殖～」
　理科の学習でヒトの有性生殖を扱うが，ここではもう一歩踏み込んで，生命の神秘やかけがえのない生命といった面までを扱うことにした。理科担当者は，

二児の母親であり，自らの体験を生かした授業になるように，道徳教育推進教師が助言をしながら共に授業を構想していった。

授業では，ヒトの染色体写真，実物大の胎児の図などを示して，細胞分裂を繰り返しながら複雑な構造がつくられていくことを確認した。次いで，NHKスペシャル「驚異の小宇宙　人体１，生命誕生」のDVDを視聴させながら，ヒトの生殖細胞が受精卵として成長する過程，次いで受精卵から各器官が分化し，誕生するまでを押さえた。授業者が，妊娠中における母体の様子や外部からの刺激，薬や煙草の影響等についての話は，非常に説得力があった。授業の終わりに，学級で育てているメダカの卵を顕微鏡で観察した際に，小さな卵が力強く鼓動している姿を確認し，生徒には大きな感動が残った。

授業を受けた生徒の感想の一部である。

- 「ヒトの有性生殖についてよくわかった。46本の染色体で私たちができているのだと思うとびっくりした。１億分の１で卵と精子がめぐり会えるのだから，私たちは奇跡なのだと思った。」
- 「手ができ始めたりするとき，すごかったです。お母さんの栄養が赤ちゃんにそのまま伝わるから，体に悪いことは絶対にしてはいけないと思いました。卵から一人の赤ちゃんになるのが，すごく不思議でした。」

3　道徳的な実践へ向けて既存の生徒会組織を生かす

道徳的な実践とまではいかなくても，生徒にとって「やってよかった。」という実感がもてる体験は貴重である。しかも，それは押し付けられたものでなく，自然な形で実践でき，清々しさの残るようなものが望ましい。そのような活動ができないものかと道徳教育推進委員会で協議し，道徳教育推進教師が働きかけることにより，生徒会組織を生かしながら取り組んだ。

(1)　全校一斉クリーンアップ活動

教室や校舎の壁にずっと前からの落書きが残っていたので，全校集会で校長が「孟母三遷」の講話をし，「勉強する場に落書きがあるのは決していい環境とはいえない。何とかならないものだろうか」と生徒たちに投げかけた。

それを受けて，生活委員会の担当も兼ねている道徳教育推進教師から「みんなが書いたものばかりではないかもしれないが，この際，一気にきれいにしようではないか」と呼びかけた。まず，生活委員会が中心になって計画を立て，分担や手順などを決めた。それを全校生徒・職員に伝え，一斉にクリーンアップ活動に入った。全員がサンドペーパーや雑巾を持ち，活動した1時間半。みんなが一つの気持ちになって取り組み，さわやかさの残る活動になった。

(2) ハッピーバースディ

これは生徒会担当者と道徳教育推進教師とで構想を練り，企画委員会を中心にして新しく始めた企画である。全校生徒と職員の誕生月を3回に分け，手作りのしおりを贈ることでお互いの誕生を祝い合った。

1回目　(4月)　谷川俊太郎の詩「生きる」を朗読　　しおり贈呈
2回目　(7月)　「千の風になって」のBGMにあわせて，動物や風景，
　　　　　　　赤ちゃんの愛くるしいスライドを紹介　　しおり贈呈
3回目　(11月)　文化祭にあわせて実施　　しおり贈呈

このしおりは，委員の生徒たちが季節の花を摘んできて押し花にし，詩の一節や短い言葉を書き，ラミネート加工したものである。しおりを受け取った生徒・職員の顔は笑顔に包まれ，ほのぼのとした雰囲気の会になった。

これら以外にも，地域貢献活動としてスポーツ広場の清掃活動を開始し，以後，学校の年間活動計画に組み込まれ，毎年実施されている。

―――――― 悩み，喜び，四方山話 ――――――

開校60周年を一つの区切りとして，今までの伝統を大切にしつつ，新しい一歩を刻むために，合い言葉として「前へ！　Go forward！」を掲げた。道徳だけでなく，様々な場面で新しい発想による，前向きな取組が展開された。

道徳教育がいきいきと活性化するためには，道徳教育推進教師の果たす役割が非常に大きく，年齢にこだわらず，意欲的な実践をする学級担任を選びたい。本校においても，道徳教育推進教師の意欲的な実践や助言が他の者に刺激を与え，それが全体としての大きな推進力となっていった。

(益田市立中西中学校　現・益田市立横田中学校　坂田仁志（校長）)

| 取組の実際 |
| 中学校 |
| 7 |

「感動」の道徳を3つのプロジェクトで創造する

広島県福山市立加茂中学校

🌷 本校の注目ポイント 🌷

1. 資料分析と中心発問の工夫による「感動」道徳の推進
2. 学力・学習意欲向上から迫る授業改善
3. 感動的な体験活動の創造

学校の様子

　広島県の東部に位置する"バラと教育の町"福山市。その中心部から車で約30分,本校は中国山地の山裾にある。町にはたくさんの古墳群があり,太古の昔から人々の暮らしが刻まれて

【本校の全景】

いる。町の中心には,「加茂」という町名の由来といわれる京都上賀茂神社の分霊を祀る賀茂神社がある。その側を加茂川が流れ,町はずれには30年余りかけて造られた四川ダムが,その流れを止める。

　「黒い雨」を代表作とする井伏鱒二はこの地に生まれた。町の中をゆったりと流れる加茂川を眺め,釣りを楽しみながら思索し,多くの作品を生んだ。その生家は今も残されている。歴史と文化が薫る町である。

　本校は通常学級9学級,特別支援学級1学級で,1小学校からずっと変わらぬ人間関係のまま生徒たちは入学して来る。山々を背にして田園も残るが,福山市のベッドタウンとして団地が造成され,そこから多くの生徒たちが通学して来る。また様々な事情により,家庭で養育を受けることのできない生徒たちも児童養護施設から通学して来ている。

素朴で真面目な生徒たちであるが、狭い、固定化した人間関係により、自分に自信がもてず、自尊感情や自己肯定感の不十分さも感じさせる。

こんな道徳教育を進めたい

「豊かな心をもち、知・徳・体の調和のとれた生徒の育成」を学校目標とし、学習活動や学級活動で「思いやりの心」を、学校行事や体験活動で「感動の心」を、そしてボランティア活動で「感謝の心」をはぐくむ。「資料分析と中心発問の工夫」を研究テーマとする道徳の時間に、それらを補充・深化・統合することで、心を揺さぶり、心を突き動かし、生き方に迫る「感動」道徳の創造を目指している。

みんなで取り組むために

今年度、ルーティンワークの組織はそのままに、学校教育目標実現のための3つのプロジェクトを立ち上げた。「要」としての道徳の時間を創造し、「感動」道徳を目指す「道徳性向上プロジェクト」、思考力・判断力・表現力を伸ばし、学力向上を目指す「学力向上プロジェクト」、感動的な学校行事や体験活動を広げ、創造する「感動体験プロジェクト」である。

学年や分掌の壁をこえて、全員がいずれかのプロジェクトに所属することとし、道徳教育推進教師が「道徳性向上プロジェクト」のリーダーを担う。毎週火曜日を研修日とし、それぞれのプロジェクトが研修内容を順次企画し、運営する。教師自らが"学ぶことは楽しい"という学びの風土を醸成する。

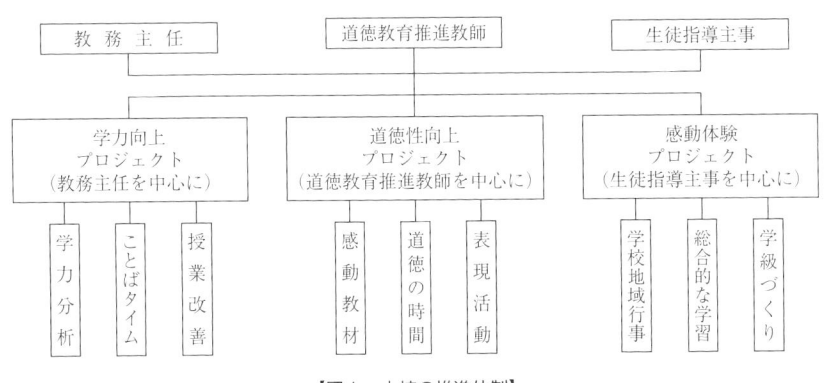

【図1　本校の推進体制】

取組の実際

はじめに

(1) コミュニケーション

　昨年の赴任早々のことである。正門で登校指導をしていたところ，近くの建物の影に自転車を隠して登校して来た生徒を見つけた。「もう絶対乗って来ないから」と懇願する生徒に，取り上げた鍵を返した。翌日同じ時間に正門で待っていたが登校して来ない。「やられたか」と思っていると昼休憩に校長室の前でばったり。尋ねると歩いて早く登校していたとのこと。「そうか。いい子だ」と，うれしくて思わず頭をなでてやった。数分後，彼が先生に首根っこをつかまれ職員室に。驚いて事情を聞くと，褒められたことがうれしくて，前を歩く生徒に「やったー」と飛びついたことがもとで殴り合いの喧嘩になったのだという。お互いのコミュニケーションが下手なのだ。

(2) 心のすさみ

　校内のトイレのスイッチの横に，「公共物を壊すことは犯罪です」と凄みを効かせた貼り紙。その意味はすぐに分かった。学校朝会で表彰伝達をしたとき，嘲笑にも似た態度で生徒がざわついた。小学校からの人間関係がそうさせるのか，お互いの足を引っ張り合うのである。それを注意したその日，スイッチが壊された。各学級で指導をすると，別の数か所のスイッチが壊され，翌日全校集会で指導をすると再び壊された。その後も何度か同じようなことが繰り返された。途方に暮れるほどの執拗さである。

　教育の考え方の転換を決意して，凄みを効かせた貼り紙を全てはがした。

(3) 学年セクト

　体育大会の準備を始めた。生徒たちを変える突破口にしたいとの思いで，縦割りの応援合戦に取り組むように話した。1，2年生の教師は，3年生と一緒に活動したら自分たちの学年も荒れるという。3年生の教師もリーダーとしての負担を恐れてか首を縦に振らない。「それならなおさら縦割りで」と決めた。

　学校として一体感のある取組は最低条件。単なる前年度踏襲は停滞を招く。

課題があるから挑戦する意欲が大切。感動ある行事づくりの第一歩であった。
(4) **研修意欲**

新しい学習指導要領の告示を受けて早々に研修会を計画したところ，「こんな忙しいときに研修会をするんですか」と学習指導要領どころではないという声もあった。しかし前倒しで実施する内容もある。今後も教育現場に立つ者が，新学習指導要領の内容を研修することは私たち教師の務めでもある。

私たち教師自らが謙虚に学ぶ姿勢をもたなければ，生徒も学ぶことの価値や楽しさを実感できるはずがない。学びの風土づくりへの挑戦である。

1　資料分析と中心発問の工夫による「感動」道徳の推進

これは「資料分析と中心発問の工夫による感動道徳の推進」を目標とし，道徳教育推進教師を中心に，道徳教育の年間指導計画の作成，感動教材の発掘，授業づくりと指導力向上のための研修，公開授業研究会や道徳参観日の実施，そして表現活動の企画等を主な活動内容とした，豊かな心をはぐくむ道徳性向上のプロジェクトである。

(1) **年間指導計画でつなぐ**

道徳教育推進教師が中心となり，学校行事や体験活動等と関連づけながら，道徳の時間の資料や内容項目を整理した年間指導計画を作成した。

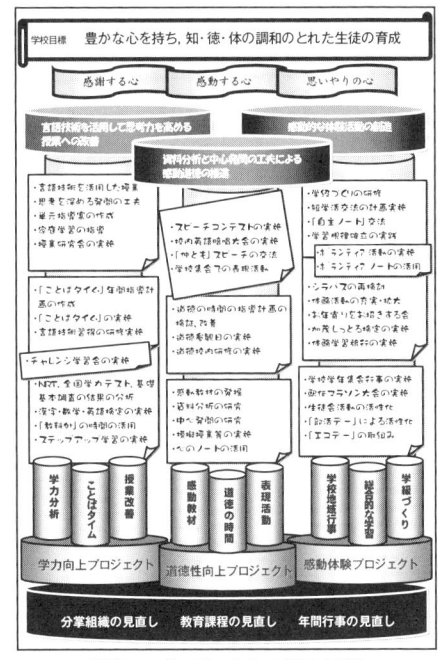

【図2　プロジェクトの活動内容】

学校行事や体験活動と道徳の時間とをつなぐことで，活動によってこみ上げる感動やものの見方，考え方を交流，補充し，その意味をしっかり考え，深化させ，道徳的価値を統合し，みんなで共有することができるのである。本年度

あらためてそのことを実感した。次年度に向けて，年間指導計画の検証と改善とが道徳教育推進教師の重要な役割となる。

(2) 心を揺さぶる道徳の時間を創造する

　第1回の道徳プロジェクト校内研修は，道徳教育推進教師による道徳教育全体計画の提示。そして校長自ら教師を対象に模擬授業を実施した。「資料分析と中心発問の工夫」を研究テーマとする研修イメージの共有化がねらいである。

　その後，道徳教育推進教師の示範授業をはじめ生徒を対象にした授業研究2回，教師対象に模擬授業3回，グループに分かれての資料分析2回，大学教授や指導主事を招聘しての指導講話「心を育てる道徳教育と道徳の時間」「資料の何を読むか」「模擬授業から見える課題」「資料を活かす中心発問の工夫」。そして公開研究会では，全ての学級で道徳の授業を公開し研究協議を行った。これらは二学期末までに実施した研修内容である。

　ひたすら資料のあらすじをたどる授業，よい行いを要求する授業，経験や体験の話に終始して道徳性が深まらない授業等々を見聞きすることがある。道徳教育推進教師を中心とした毎回の研修会は，心を揺さぶり，心を突き動かす授業のトップイメージを追い続けることができた。何よりも大学や教育委員会の先生方に度々力をお借りしたことによって，論議の質を飛躍的に深めることができた。学びの風土が醸成されつつあり，感謝である。

(3) 参観者と「感動」を共有する道徳参観日

　目指す「感動」道徳で，最も重要なことはいい資料と出会うことである。いい資料とは，教師自身が感動し，心が揺さぶられ，みんなに伝えたいと思う資料である。それを道徳の時間に扱うためには，自分は何に感動したのか，なぜ感動したのかを突きつめ，自分の中でより高い道徳的価値に気がつくというプロセスを生徒と共有することである。

　本年度は2回，土曜日に道徳参観日を実施した。地域や保護者の道徳教育に対する理解を深めるのがねらいである。道徳教育推進教師からの提案で，本年度は保護者等の参観者にも感動を与えるような感動教材をぶつけ，参観者の心にも迫る道徳の授業に挑戦した。参観者にも感想や意見を言ってもらうなどし

て，教室にいるみんなが道徳的価値を共有できる参加型の道徳参観授業が定着すれば最高である。

(4) 一人ひとりが取り組んだ表現活動

　市内の「中学生主張大会」と「英語暗唱大会」への出場は，学級全員が挑戦する中で学級代表者を決め，校内スピーチコンテストで学校の代表を決定した。いずれも道徳教育推進教師を中心に3プロジェクトが協力して企画した行事である。学級代表者に対する足の引っ張り合いを許さない集団に成長できるか。そのためには生徒一人ひとりが意欲をもって取り組むことができるかがポイントである。

　選ばれた学級代表者が全校生徒の前で胸を張って発表する姿に，生徒が変わり始めている手応えを感じた行事であった。

2　学力・学習意欲向上から迫る授業改善

　「言語技術を活用して，思考力を高める授業への改善」を目標とし，学力分析と学力向上のための対策，思考力を高める授業への改善，漢字・数学・英語検定に向けたチャレンジ学習会の実施，言語技術の活用を目指した「ことばタイム」の企画・研修などを主な活動内容とした。思考力・判断力・表現力を伸ばす学力向上プロジェクトである。

(1) 思考力を伸ばす授業改善

　同様の課題をもつ学校も多いと思うが，本校の授業の課題は，「学習内容を分からそうと教師が一方的にしゃべり続ける授業」と「考えを引き出すのでなく正解を求めるだけになりがちな発問」にある。授業改善は道徳の時間と同じで，教材研究をしっかりとやってねらいを明確にするとともに，思考を深める中心発問の質を高めることである。しかし，道徳の研修で学んだことが，教科の壁に阻まれて授業改善に十分生かし切れていないのである。教務主任と道徳教育推進教師との連携による研修の工夫が望まれるところである。

(2) 学習意欲を引き出す取組

　自分に自信がもてず，自己肯定感が低い理由に学力問題が横たわっている。

また児童養護施設の生徒は，義務教育終了後も引き続き施設で生活するためには，高校に進学することが条件である。本校にとって学力をつけることは特に必須課題なのである。

　全国学力学習状況調査や広島県の基礎基本定着状況調査などから本校の課題を分析し，それを踏まえて基礎基本の徹底を図る問題を自作し，毎日コツコツ取り組んでいる。生徒の学習意欲を引き出しながら…。

　毎週土曜日には，弱点克服と漢字・数学・英語検定を目指した「チャレンジ学習会」を実施。保護者も生徒と一緒に学習し，検定も生徒と同じ会場で受検してもらっている。もちろん生徒の学習意欲の高まりを期待してのことである。

【保護者も一緒の「チャレンジ学習会」】

3　感動的な体験活動の創造

　「感動的な体験活動の創造」を目標とし，学校行事の企画，地域行事との連携，総合的な学習の時間の活動計画と地域人材の発掘，学級づくり，ボランティア活動を主な活動内容とした。「感謝」「感動」「思いやり」を体験活動の中で広げる感動体験プロジェクトである。

(1)　学校行事を感動体験に

　修学旅行では，初めて民家での宿泊を取り入れた。島での漁業体験，そして家族と一緒に食事の準備や団らん。翌日の別れに涙する生徒や，見送りに来られた民泊先の方へ船から手を振り続ける姿には感謝の気持ちが溢れていた。阿蘇山では乗馬やパラグライダー，カヌー，トレッキングなど。夜には熱気球で大空へ。感動いっぱいの体験旅行となった。

　初めての駅伝マラソン大会は，町内行事に位置づけて実施した。うれしいことに駅伝にもマラソンにも地域からの参加者があった。沿道から走る生徒に大きな声援が飛ぶ。それに応えて生徒もがんばる。その姿に地域の方々から一層熱い声援が送られる。学校と地域とが一体となった感動的な瞬間であった。

(2) 広がる感謝の心

　地域の清掃活動に参加した。「よく来たねぇ」「ありがとう」　地域の方々からシャワーのように浴びせられる感謝の言葉。それに応えようと素直にがんばる生徒。これをきっかけとして毎週土曜日にボランティア活動を始めた。校内のトイレ掃除や学校周辺の草取り，部活でお

【ボランティア活動による神社の清掃】

世話になる神社の清掃，町内一斉清掃活動への参加など。生徒会の呼びかけや部活単位の参加により，感謝の輪は大きく広がっている。

　3月には「お年寄りをお招きする会」。歌やゲーム，軽い運動。そして肩たたき。お茶と手作りクッキー。感謝と思いやりでおもてなしの心を学ぶ。

　ちょっといい話。部活で早朝練習をしている生徒や朝早く登校してきている生徒に放送で呼びかけ，集まった生徒の手で体育館にシートが敷かれ椅子300余りが整然と並べられる。ボランティアによって始業式や終業式の式場づくりができるようになった。校長の話は感謝の言葉から始まる。

終わりに

　まだまだ道半ば。大きな成果を得るには至っていない。しかし迷いはない。「すぐに花や実がつかなくても，土の中でしっかりと根を張ろう」と呼びかける毎日である。地域という表層を耕すと下は豊かな土壌。道徳という心の肥料は遅効性。水やりを絶やさず，時間をかけてしっかりと根を張り強い軸を育てることが教育の営みであると信じて。

── ◯ 悩み，喜び，四方山話 ◯ ──

　どの学校でもそうだと思うが，学期の終わりや大きな行事が終わったら，打ち上げと称して慰労会をもつ。本校では，「心に残ったちょっといい話」を職員一人ひとりが発表する。会が近づくと話題探しで職員室が心温まる会話で花盛り。生徒の肯定的評価も向上する。これはおすすめである。

（福山市立加茂中学校　山口朋也（校長））

第4章
道徳教育推進教師についての Q&A

Q1. 新しい学習指導要領に「道徳教育推進教師」が明記されたのはなぜですか。

A 今まで，道徳教育は道徳の時間で行えばよい，各学級がそれぞれに工夫してやればよいというような誤解や，学校が教育活動全体を通じて一致した方向で進めることの弱さなどが指摘されていました。また，道徳の時間が学校の教育課程に特設されて50年をこえるものの，今でもその取組の不十分さが課題となっています。

そのような背景の中，教育基本法改正や学校教育法の一部改正において道徳教育が一層重視されました。それを受け，学習指導要領の改善を審議した中央教育審議会答申（平成20年1月）の中で「道徳教育主担当者を中心とした体制づくり」がうたわれ，学校が一体となって進める必要性がとりわけ強調されました。新しい学習指導要領（平成20年3月）に「道徳教育推進教師」という言葉が織り込まれたのは，このような流れに位置づくものです。

学校における道徳教育の改善・充実の切り札として，また，各学校の道徳教育への前向きな意識が醸成されることを期して，具体的な役割として明記されたのが「道徳教育推進教師」なのです。

Q2. 道徳教育推進教師は道徳主任がなってよいのですか。

A 道徳主任が道徳教育推進教師となる場合も広く見られます。小・中学校の『学習指導要領解説　道徳編』に，「道徳主任などの道徳教育推進教師」という表現が見られるように，道徳主任を学校における道徳教育推進教師であると考え，学校内では「道徳主任」と呼称する例も見られます。

その一方で，その両者を分けて位置づけている学校も見られます。例えば，教務主任や研究主任が道徳教育推進教師となったり，家庭や地域との連携の主担当者が道徳教育推進教師を兼ねて務めたりして，道徳主任とは別に置かれている場合などがあります。

また，学校の教育活動全体で進める道徳教育をコーディネートする役割を道徳教育推進教師とし，その中で，毎週の道徳の時間の運営や資料（教材）提供や準備などを特に担う位置づけとして道徳主任を置き，二重の体制にしている例も見られます。

　いずれの場合にも留意したいことは，道徳教育推進教師が新たに示された趣旨を踏まえて，学校の教育活動全体での道徳教育を積極的に推進する要の役割として位置づけるようにすることです。また，その位置づけが学校のどの教師にも明確に分かるようにすることも大切です。

Q3. 校務分掌に道徳教育推進教師の名称で位置づける必要がありますか。

A　校務分掌上，どのような名称で位置づけるかについては各学校に任されているといえます。実際に，「道徳教育推進教師」や「道徳主任」の名称が多いものの，その他にも「道徳教育担当者」「道徳コーディネーター」など，様々な名称が考えられます。Q2で述べたように，道徳教育推進教師と道徳主任が併存する場合もあるほどで，学校なりの位置づけを大事にしてよいのです。

　ただし，少なくとも，「あなたの学校の道徳教育推進教師は誰ですか」と尋ねられたときに明確に答えられなくてはなりません。そのためにも，校務分掌上の名称に「道徳教育推進教師」を使わない場合には，どの位置づけの役割がそれを果たすのかについて，カッコつきでもよいので，やはり示しておきたいものです。情報公開をし，説明責任を果たしていくためにも，対外的に公開する学校組織図の中に明示していくことが求められます。

Q4. 道徳教育推進教師を複数の教師が担当してもよいのですか。

A　複数の教師が道徳教育推進教師となり，いわば道徳教育推進チームをつくって道徳教育への取組を中核的に担うことも考えられます。実際に，

ある中学校では，各学年の道徳担当者1名ずつの3名で道徳教育プロジェクトチームをつくり，全校で進める道徳教育の組織上の要となっています。

このようなチーム組織の場合，道徳教育推進教師同士で相談したり，役割分担したりすることができるよさや，一人の教師への加重負担が避けられるなどのよさがあります。しかしその一方で，複数の教師に役割が分散され，相互の責任があいまいになってしまうという不安もあります。その不安を除くためには，推進チームの組織にそのチームの代表者を設けたり，一人ひとりの担う仕事を明確に分担したりして相互にその仕事においてチーフとなるという方法を考えることなどが有効だといえます。

Q5. 道徳教育推進教師にはどんな役割があるのですか。

A このことについては，文部科学省の小学校及び中学校の『学習指導要領解説　道徳編』で解説し，本書でも第2章で詳しく説明しているので参考にしてください。そこでは，簡略化して示すならば，アからクまでの8項目にわたって次の事柄が例示されています。

ア	指導計画の作成	イ	全教育活動における道徳教育
ウ	道徳の時間の充実	エ	道徳教育用教材の整備と活用
オ	情報提供や情報交換	カ	授業公開と家庭や地域との連携
キ	道徳教育の研修	ク	道徳教育における評価

なお，道徳教育推進教師がこれらの役割の全てを丸ごと担うというイメージでは，実際には負荷が大きく，必ずしも機能的ではありません。むしろ，全員が分担して担うべき内容が示されており，これらの全体を意識しながら，各教師や担当の取組をコーディネートしたり，アドバイスしたり，まとめたりしていく役割であると理解することが重要です。道徳教育推進教師の役割を各学校で焦点化することや，担当者一人ひとりがそれぞれの力を発揮して主体的にかかわることが重要なことは，このことからも分かります。

Q6. 道徳教育推進教師を中心とした協力体制にはどんな形がありますか。

A このことについては，第1章の後半で示しているので参考にしてください。そこに示すように，簡潔に整理するならば次の組織化の例が考えられます。

- ・現在の学校運営組織を活かす方法
- ・道徳教育推進チームをつくる方法
- ・学年部代表者で構成する方法
- ・研究推進部として組織する方法
- ・家庭等との連携を重視する方法
- ・その他

これらのバリエーションから想像されるように，学校における道徳教育の推進体制や協力体制の形は様々に描くことができ，学校の方針や特色，実態などに即してふさわしい体制をつくっていくようにします。

第3章にある16の各実践事例では，各学校の具体的な協力体制をその実践の紹介ページの最初の見開きで図示していますので，学校の体制を考えるときの参考としてください。

Q7. 協力体制づくりに際して配慮すべきことを教えてください。

A 学校全体の協力体制をつくる際には，その体制が長く効果的に機能することができるように，様々な点に配慮したいものです。特に，次のことに留意した体制となるようにすることが大切です。

① みんなが創意工夫でき，力を発揮しやすい体制にします。一人ひとりが工夫したことが活かされてこそ，各教師の意欲も高められるからです。

② 道徳教育推進教師が推進しやすい柔軟な協力体制にします。体制は必要に応じて調整や修正をしたり，補完し合ったりできることが大切です。

③ 次の年度へと継続的，発展的に続けることができる体制とします。したがって，学校として無理のない日常的に進められる体制となるようにします。

④ 小学校と中学校のそれぞれの道徳教育推進上の課題は異なります。そこで，各学校種の課題や特質を活かして動きやすい体制となるようにします。

なお，このことについても，第1章の最後で，より詳しく述べています。

> **Q8.** 各担当者が力を発揮できる体制をつくるにはどんなことが大切ですか。

A 　Q7の①にあるような，みんなが力を発揮できる体制にするにはどんな点が重要になるでしょうか。

　道徳教育推進教師が選任され，学校全体の道徳教育を進めても，その教師一人に全てを任せるようなムードであっては，道徳教育の充実はあり得ません。そこで，一人ひとりがそれぞれの役割や持ち分を思い切り発揮できるような機能的な体制にすることが重要になります。

　そのためには，まず，①学校としての道徳教育をどのような方針でどんな方向に進めようとしているかを全員が共通理解すること，また，②そのために，いつ，何をどうするかという計画が具体化していること，③一人ひとりが担う担当や役割がそれぞれに明確であること，などが重要になります。

　それとともに，④その役割の推進に当たって，各担当者が自らの発想を活かし，創意工夫して主体的に取り組みたくなるような相互支持的な体制や，温かな雰囲気が教師間にあることも大きな要因です。

　子どもたちの温かな人間関係づくりのためにも，その前提として，教職員相互の豊かな人間関係の確立が問われているのだといえます。

> **Q9.** 小学校と中学校では，その体制にどのような違いや特色が見られますか。

A 　Q7の④にある学校種ごとの体制の違いとしてはどんなことが考えられるでしょうか。

　例えば，小学校段階では，学年をこえてペアとなるクラスをつくったり，いわゆる縦割り異年齢集団を活かしたりしての全校的な集団活動も多く見られ，

学校で一体的に動くことがよくあります。それに比べて，中学校では学年での活動が小学校より強いことや，各教師がそれぞれの教科担当であるとの意識が強くなることから，学校全体での道徳教育への意識が向きにくいという面が小学校より強いともいわれます。

　そこで，小学校段階と中学校段階の各学校種の実態を活かして，それぞれに合った体制とすることが大切です。例えば，中学校の場合，学年部ごとのまとまりを大切にした体制としたり，各教科部の役割が明確に織り込まれた体制としたり，また，部活動や生徒指導の機能をより強く組み込んだ体制としたりすることなどが考えられます。逆に，学校での一体感を重視する立場から，このような学年部や教科部の壁をあえて取り払った全く違う発想からの体制とすることも，魅力的な体制づくり一つの方法です。

> **Q 10.** 小規模校での協力体制や道徳教育推進教師の役割については，どのように考えるとよいですか。

A　どの学校の道徳教育も基本的にはその在り方は変わりません。しかし，例えば，各学年が単学級であったり，複式学級が存するような小規模校の場合は，教職員の数が限られます。したがって，中規模校や大規模校のような組織ほどには細かな分担をすることが物理的にむずかしくなります。

　その場合，人数を絞ったスリム化した体制にするとしても，やはり道徳教育の主担当者を校長が選任し，分かりやすい体制をつくることが大切です。なお，一人が多様な役割を重複して受け持つことも多いので，主担当者を明確にしたり，通常の校務分掌組織にしっかりと重ねた体制にしたりして，分かりやすく動きやすい組織にすることが重要になります。

　道徳教育推進教師も，小規模校なりの子どもの人間関係の課題をはじめ学習や生活上の課題を踏まえて，複式学級における道徳の時間の年間指導計画，子どもの学び合いの促進，道徳用副読本の活用の仕方などについて，各担当者に配慮点を示していくことが重要になります。

Q 11. 道徳教育推進教師は，各学級の道徳の時間にはどのようにかかわるとよいのでしょうか。

A　新しい学習指導要領では，学校の教育活動全体で行う道徳教育だけでなく，その要となる道徳の時間の指導にかかわっても道徳教育推進教師を中心とした協力体制をつくることを明確に求めています。そして，道徳教育推進教師がそこに積極的にかかわっていくことが期待されています。

　例えば，校長や教頭等の参画，他の教師等とのティームティーチングなどの協力的指導を充実したり，家庭や地域の人々の授業への協力を得る機会を広げたりするなど，人的な側面の充実を図るのは，道徳教育推進教師の重要な役割だといえます。また，道徳の時間を実施しやすくする教材や図書，指導資料の整備などの環境づくりを中心となって進めたり，道徳の時間の授業研修や公開授業を企画し，推進したりすることなどが考えられます。

　また，この他にも，他校の道徳研究や道徳教育研究会などで得た情報を紹介したり，毎週の道徳の時間にかかわるアドバイス役となったりすることが考えられます。こうすることによって，道徳の時間を進める学級担任相互の学び合いが促されるばかりでなく，道徳の時間の指導の方針が全員で共有化され具体化されていくことでしょう。

（永田繁雄）

資 料

『小学校(中学校)学習指導要領解説 道徳編 (平成20年 文部科学省)』(抄)

注:[ ] は中学校の表現

第4章 道徳の指導計画

第1節 指導計画作成の方針と推進体制の確立

(「第3章 道徳」の「第3 指導計画の作成と内容の取扱い」の1)
1 各学校においては,校長の方針の下に,道徳教育の推進を主に担当する教師(以下「道徳教育推進教師」という。)を中心に,全教師が協力して道徳教育を展開するため,次に示すところにより,道徳教育の全体計画と道徳の時間の年間指導計画を作成するものとする。

　道徳の指導計画については,「第3章 道徳」の第3の1において,各学校においては,「道徳教育の全体計画と道徳の時間の年間指導計画を作成するものとする」としている。したがって,学校では,校長が道徳教育の方針を明確にし,指導力を発揮して,全教師が協力して道徳教育を展開するため,道徳教育の推進を主に担当する教師(以下「道徳教育推進教師」という。)を中心として,「道徳教育の全体計画」とそれに基づく「道徳の時間の年間指導計画」を作成する必要がある。また,全体計画を各学年や学級で具体的に推進するための指針として「学級における指導計画」を作成していくことが望まれる。

1 校長の方針の明確化

　道徳教育は,「第1章 総則」に示すように,学校の教育活動全体で取り組むものであり,校長は学校の道徳教育の基本的な方針を全教師に明確に示すことが求められる。校長は道徳教育の充実・改善の方向を視野におきながら,児童［生徒］の道徳性にかかわる実態,学校の道徳教育推進上の課題,社会的な要請や家庭や地域の期待などを踏まえ,学校の教育目標とのかかわりにおいて,道徳教育の基本的な方針等を明示する必要がある。

このことにより，全教師が道徳教育の重要性についての認識を深めるとともに，学校の道徳教育の重点や推進すべき方向について共通に理解することができる。また，示されたその方針が，全教師が協力して学校の道徳教育の諸計画を作成し，展開し，その不断の充実・改善を図っていく上でのよりどころにもなる。

2　道徳教育推進教師を中心とした協力体制の整備

(1)　協力体制の充実

　道徳教育は，校長の方針の下，学校の教育活動全体で取り組まれ，個々の教師の責任ある実践に託されていくものである。学校が組織体として一体となって道徳教育を進めるために，全教師が力を発揮できる体制を整える必要がある。例えば，道徳主任などの道徳教育推進教師の役割を明確に［明確化］するとともに，機能的な協力体制の下，道徳教育を充実させていく必要がある。

　協力体制をつくるに際しては，まず，全教師が参画する体制を具体化するとともに，そこでの道徳教育の推進を中心となって担う教師を位置付けるようにする。例えば，道徳の時間の指導，各教科等における道徳教育，家庭や地域との連携等の推進上の課題に合わせた組織や，各学年段階［各学年］ごとに分かれて推進するための組織のそれぞれが機能するような体制をつくるなど，それぞれの教師が主体的にかかわることができる体制とすることが大切である。道徳教育推進教師を中心とした道徳教育推進のためのチームをつくり，学校全体の教科等や生徒指導，保健指導等の各担当者と関連を図った体制とすることなども考えられる。

(2)　道徳教育推進教師の役割

　機能的な協力体制にするためには，このような体制における道徳教育推進教師の役割を明確にしておく必要がある。その役割としては，以下に示すような事柄が考えられる。

　　ア　道徳教育の指導計画の作成に関すること
　　イ　全教育活動における道徳教育の推進，充実に関すること
　　ウ　道徳の時間の充実と指導体制に関すること
　　エ　道徳用教材の整備・充実・活用に関すること
　　オ　道徳教育の情報提供や情報交換に関すること
　　カ　授業の公開など家庭や地域社会との連携に関すること
　　キ　道徳教育の研修の充実に関すること
　　ク　道徳教育における評価に関すること　　など

各学校においては，その実態や課題等に応じて，学校として推進すべき事項を明らかにした上で，その役割について押さえておくことが重要になる。道徳教育推進教師が全体を掌握しながら，全教師の参画，分担，協力の下に道徳教育が円滑に推進され，充実していくように働き掛けていくことが望まれる。
  なお，もとより，各教師がそれぞれの役割意識をもち，自らの役割を進んで果たすことが求められることは言うまでもない。学校全体で一つの道徳教育上の課題に取り組むようなときも，全教師が共通の課題意識をもって進めることができるように，機能的な協力体制にすることが大切である。

第5章　道徳の時間の指導

第4節　道徳の時間の指導における配慮とその充実

(「第3章　道徳」の「第3　指導計画の作成と内容の取扱い」)
3　道徳の時間における指導に当たっては，次の事項に配慮するものとする。

  学習指導要領には，その「第3章　道徳」の第3の3において上記のように示した後，道徳の時間の指導の一層の創意工夫と充実を図るために，配慮すべき観点について示している。

1　道徳教育推進教師を中心とした指導体制の充実

(「第3章道徳」の「第3　指導計画の作成と内容の取扱い」の3)
(1)　［学級担任の教師が行うことを原則とするが，］校長や教頭などの参加，他の教師との協力的な指導などについて工夫し，道徳教育推進教師を中心とした指導体制を充実すること。

  道徳の時間は，主として学級担任が計画的に進めるものであるが，学校や学年として一体的に進めるものでなくてはならない。そのために，指導に際して全教師が協力し合う環境をつくるなどの指導体制を充実することが大切になる。道徳教育全体の推進に当たって道徳教育推進教師を中心とした指導体制を充実する上で配慮すべきことについては第4章の第1節に示したが，道徳の時間の計画的な

推進とその充実のためにも指導体制の充実は肝要である。
(1) 協力的な指導などについての工夫
　道徳の時間の指導体制を充実するための方策としては，まず，道徳の時間における実際の指導の場面において他の教師などの協力を得ることが考えられる。校長や教頭などの参加による指導，他の教職員とのティーム・ティーチングなどの協力的な指導を行うことや，指導内容によっては，養護教諭や栄養教諭などの協力を得ることが効果的な場合もあると考えられる。学校の教職員が協力して指導に当たることができるような計画づくりなどを，学校としての方針の下に道徳教育推進教師が中心となって進めることが大切である。
　また，道徳の時間を実施しやすい環境づくりに努めることも重要である。道徳の時間に用いる教材や図書の準備，掲示物の充実，資料コーナー等の整備などを全教師が分担して進められるように道徳教育推進教師が呼び掛けをしたり，具体的な作業の場をつくったりすることが考えられる。
　これらのほかにも，例えば，授業を実施する上での悩みを抱える教師の相談役になったり情報提供をしたりして支援することや，道徳の時間に関する授業研修の実施，道徳の時間の授業の公開や情報発信などを，道徳教育推進教師が中心となって協力して進めることも考えられる。
　道徳教育推進教師を中心とした推進体制については第4章の第1節で示しているとおりであるが，道徳の時間においてその充実を図る際にも，学校として道徳教育推進教師の位置付けを明確にするとともに，その推進を一人の教師に任せるというのではなく，そのリーダーシップや連絡，調整の下で，全教師が主体的な参画意識をもってそれぞれの役割を担うように努めることが重要である。
(2) 指導体制の充実と道徳の時間
　このような指導体制の充実によって，次のような多様な利点や効果を生み出すことができると考えられる。
　第一は，学校としての道徳の時間の指導方針が具体化され，指導の特色が明確になることである。毎時間の指導は，学校としての年間指導計画に基づいて計画的，発展的に指導するものであることを，全教師が考慮しながら進めることができる。
　第二は，授業を担当する全教師が，児童［生徒］の実態や授業の進め方などに共通の関心や問題意識をもって授業に臨むことができることである。その中で，教師相互の学習指導過程や指導方法等の学び合いが促され，道徳の時間の指導の

質が高められる。

　第三は，学校に所属する多くの教職員が一つの学級や一人一人の児童［生徒］に関心をもち，学校全体で児童［生徒］の道徳性を高めようとする意識をもつようになることである。道徳の時間の指導の充実が，学校全体で進める道徳教育を一層充実させる力となる。

　各学校においては，道徳の時間の実施状況やそこに見られる課題を押さえた上で，このような利点や効果が広く生み出されるように，道徳教育推進教師を中心として見通しをもった取組を推進することが望まれる。

編者・執筆者一覧

■編　者

永田　繁雄　東京学芸大学
島　　恒生　畿央大学

■執筆者（執筆順）

永田　繁雄　東京学芸大学
島　　恒生　畿央大学
小中　理司　北海道網走市立白鳥台小学校
増尾　敏彦　青森県おいらせ町立木ノ下小学校
福寿　邦彦　青森県おいらせ町立木ノ下小学校
佐藤　良明　埼玉県越谷市立城ノ上小学校
高橋　妃彩子　東京都渋谷区立鳩森小学校
坂田　和彦　富山県氷見市立朝日丘小学校
池谷　智晴　静岡県浜松市立可美小学校
黒田　和秀　愛知県みよし市立三吉小学校
陶山　典江　広島県福山市立水呑小学校
堤　　和恵　福岡県宇美町立宇美東小学校
鮫ノ口　正恵　青森県八戸市立白山台中学校
大木　洋美　静岡県伊豆市立修善寺中学校
風間　忠純　静岡県伊豆市立修善寺中学校
天野　幸輔　愛知県岡崎市立矢作北中学校
柵木　智幸　愛知県教育委員会
奥村　　裕　和歌山県有田市立保田中学校
汐﨑　利勝　和歌山県古座川町立明神中学校
坂田　仁志　島根県益田市立横田中学校
山口　朋也　広島県福山市立加茂中学校